后浪出版公司

让孩子
学会思考

〔美〕
达琳·斯威特兰
罗恩·施托尔伯格
———
著

马伊莎
———
译

Teaching
Kids to
Think

家 长 能 教 的 最 重 要 的 事

Raising Confident, Independent, and Thoughtful
Children in an Age of Instant Gratification

四川人民出版社

目　录

4

即刻满足的一代

20 多年来，作为临床心理学家，我们一直向不同家庭提供咨询服务，也与很多教育家合作。近年来我们发现，当需要解决一个简单的交际纠纷或独立面对问题时，越来越多的青少年会立刻变得惊慌失措。我们在治疗过程中见过太多类似的事情，以下对话就发生在我们开始写这本书的那一周：

· 一个 7 岁的女孩对她的家长怒气冲冲地吼道："我的 iPad 没电了！你竟然没充电！"

· 一位母亲对他垂头丧气的 10 岁儿子说："我给他妈妈打电话告状吧，就说她儿子不让你参加手球比赛。"

· 一个 7 年级的小女孩变得恐慌不安，因为她突然想起自己还没有复习考试的内容。她爸爸却说："我给老师发邮件问问，看能不能让你晚一天参加考试。"

· 一个上高中的男生不太喜欢学校给他安排的历史课老师，他妈妈说："我给学校打电话，看能不能给你换个老师。"

· 一个十几岁的女孩气冲冲地对她妈妈嚷道："我要的是新 iPhone，才不是你的旧手机呢，老土！"

无论这些孩子面对的是交友困惑、学业难题还是与父母的矛盾，他们的反应都是千篇一律的。眼前的形势让他们坐立不安，如果问题无法立刻解决，他们会越来越生气、焦虑甚至抓狂。似乎从没人会冷静下来想想办法，相反，他们只是一味地陷入崩溃境地。我们不仅在工作时关注这一恼人的模式，在生活中也是处处留意。而且，家长、老师、管理者和教练也来向我们诉说他们对现状的担忧。

　　最近，低下的抗压受挫能力成了同事、朋友以及家庭之间的热议话题。媒体对此也是高度关注，该类文章频频出现报端。这种趋势越来越严重，作为儿童心理学家和忧心忡忡的家长，我们一遍遍提出这样的问题：这一代孩子究竟怎么了？为什么他们总想着衣来伸手、饭来张口？谁赋予了他们颐指气使的权利？后来，发现是我们的社会造就了他们低下的受挫能力。

　　每一代人都有各自的苦恼，都无法回避所处社会的要求和压力。对"沉默"一代（出生于1925—1945年）来说，在"大萧条"和"二战"的社会背景下，只能埋头苦干，无缘其他几代人频繁行使的抗议声明或抒发政治观点的权利，缄默不言才是正道。"二战"后，"婴儿潮"一代（出生于1946—1964年）成长在人口较多的家庭中，当时正值城市化蓬勃发展时期，他们深信只要能吃苦耐劳，终究可以实现美国梦。伴随"X一代"（出生于1965年—20世纪80年代早期）出现的是个人电脑、有线电视和因特网。尽管被认为是受教育程度较高的一代，他们却不愿像父辈那样，为了一份稳定的工作、退休养老和实现美国梦投入大量精力。

　　现在我们又迎来了受到高速发展的科学技术直接影响的一代。他们精通电子产品，但对其他事物一无所知。也就是说，便捷的沟通、高速的信息获取、不受地点限制的工作能力，在他们眼中就是"家常便饭"。近年来，技术的进步为我们带来了更为便捷的产品。由于谷歌的出现，我们只需用指尖轻点鼠标，就能找到问题的答案；GPS（全球定位系统）能指引我们找到新开的餐厅；任何错过的电视节目都能"按需"播放；遇到问题，只要打一个电话，就立刻有人来为我们解燃眉之急。结果是，成长在今天的儿童和青少年学会了借助这些便捷快速的现代工具，在纷繁喧闹的世界中肆意游走—因此认为所有问题都能够被即刻解决。

在这一代儿童和青少年的成长过程中，几乎没有等待的概念。他们不仅预期困难能够即刻迎刃而解，还越来越依赖成人。没有哪一代父母能像这代孩子的父母这样，无微不至地为子女效劳。同时技术的发展也让便捷成为常规，而非特例。因此今天的孩子成了即刻满足（Instant Gratification）的一代，习惯了坐享其成。在快速发展的技术的支持和怂恿下，我们正在给孩子灌输这样的理念：不必思考。前所未有的进步和瞬息万变的时代正把我们的孩子推向不利的境地：我们没能教会他们如何解决难题、应对生活中突如其来的变化以及独立自主地生活，因此他们将很不幸地成为有史以来第一代这样的人。

除此以外，我们对孩子的学业期望也高于其他任何一代人。大学的入学门槛变得比以往任何时候都高。还没上学，家长就开始担心孩子的竞争力——他们在幼儿园时能否跻身阅读能力最强的一组？而且，在重重压力下，父母急于给孩子报各种课外辅导班（体育、艺术、语言等等）——"万一他们错失良机，输在起跑线上怎么办"？

从表面来看，家长这种求胜心切的推动力能让孩子获得更多发展的机会和能力。这不就是父母奋斗的方向吗？但结果却恰恰相反。一心给孩子提供最好机会的父母其实是在让孩子远离成长过程中必经的、有助于成长的错误。这就意味着今天的孩子无法从自己的过错中吸取经验教训。以萨姆为例。如果萨姆没有按时交报告，他的分数就会很低，可他把报告忘在家了，于是拿起手机给妈妈打电话。接到电话后，妈妈匆匆忙忙把报告送去学校，因为她知道如果不这样做，儿子会得低分，一系列的后果将不堪设想。如果萨姆的报告成绩低，会影响他的学期分数，这又会影响他的GPA（平均分数），继而影响他上哪所大学，然后影响他的职业选择，然后……再然后……父母常常向我们辩解这一行为："也就那么一次。"是真的吗？以此为例，一份迟交的报告真的会影响萨姆成人后的职业生涯吗？不太可能。让萨姆自己承受迟交作业的后果可能会暂时加剧他的痛苦和懊恼，但从长远来看，却能够教会他独立和自理。换一种方式，我们可以这样考虑：谁能够成为一个更好的员工、经理或老板呢？是自己犯错，找别人改错的人还是承担错误、改正错误、吸取经验、避免再犯的人？

我们写这本书，旨在向父母揭示即刻满足的一代在步入成年之后力不从心的原因。我们想唤起大家对日常生活中点点滴滴的关注，今天的孩子由于过度依赖技术手段带来的便利或是父母帮他们解决问题，往往会错失这些生活中弥足珍贵的机会——而这才是真正的"受教时刻"，能对孩子的社交、情感以及神经发育起到至关重要的作用。我们本身也是这一代孩子的父母，写这本书并不是要表达对其他父母的失望，而是设身处地为他们着想。我们也认识到当今孩子面临的挑战，同样心急如焚（并不知不觉）地想让即刻满足的这一代人变得更具竞争优势。我们想帮助家长们培养出信心十足、善解人意、具有集体意识的孩子。在这本书中，我们会分享一些理念和方法，以期为各个年龄段的孩子配备受用一生的技能，使他们在步入成年后，既有责任感，又有成就感。抚养这一代孩子时，父母必然会面临前所未有的挑战，稍不留神，就会陷入误区，而我们要为他们敲响警钟。

那么我们所说的错失的机会究竟是什么？在社交方面，这代孩子正在丧失与他人面对面交流的机会，无法以促进积极的人际关系的方式去交流；在情感方面，他们正在错过一些经历，因而无法树立自信心并提高应急能力；在神经发展方面，他们的计划组织、解决问题、制定决策能力很难有提高的机会。在这本书中，我们会讨论这些丧失的机会与家庭教育、学校教育以及技术发展之间有何种具体关联。除此以外，我们与察觉到相同趋势的管理者、老师、教练和父母进行了深度访谈，并获取了重要信息。在这本书中，我们会和大家分享的不仅仅是这些信息，还有我们和一些家庭合作的经历（取材于临床工作中的案例）。我们选取的都是频发的共性问题，同时也能让很多读者产生共鸣。

在开头的第 1 章中，我们会告诉父母如何识别并躲过那些家长陷阱，在这个一切都简单易行的时代，不慎跌落是常事。在第 2 章，我们主要阐明了父母的干预给孩子带来的影响——妨碍他们独立思考。在接下来的第 3 章里，我们探讨了父母保护孩子远离错误的冲动是如何滋生出孩子的依赖性的。从发展的角度来看，孩子们经历挫折以及想办法克服困难的过程不可或缺。我们将在第 4 章探讨重要的发展理论。第 5 章则会重点阐述如果没有犯错和克服困难的经历，儿童的大脑发育以及形成计划、解决问题、决策制定的能力会受到怎样的影响。对很多家庭来说，教育都是重中之重，父母千方百计地为孩子争取一切向前冲的机会，生怕孩子错失良机。在第6章，我们解决的问题是如何帮助和引导儿童克服事事依赖别人拯救的心理（避免落入坐等救兵的陷阱），学会自己解决问题。第7章和第8章提供了一些有效并且负责任地使用高科技产品的建议，比如智能手机、电子游戏、社交网络及因特网。体育运动的积极影响会在第9章讨论。第10章探讨这一代孩子为何经不住毒品的诱惑以及应该如何遏止。还有一部分大龄青少年和青年人也具有即刻满足一代人的特质，所以我们在第11章为他们的父母提出了改变这种模式的方法。接下来，第12章揭示了父母是如何在无意中给孩子展示出即刻满足需求的。在第13章中我们总结了一些希望读者学到的经验。最后，我们在每一章中都为父母提供了小窍门，帮助他们积极迎接挑战、避免落入家长陷阱。

注：本书案例中的名字及身份信息都已做过修改，以保护相关人员的隐私。

第 1 章

家长陷阱：你上钩了吗？

当地一所小学召开了3年级学生的开放参观日。在过去的两周里，学生们都忙着制作关于行星的画报。最终他们上交了经由电脑制作的图表，配有精心打印、排版的标题和说明的作品。只有一个展板独树一帜——它是一张手绘图报，作者一笔一画地写出了标题和说明。所有画报都展现了3年级学生的真实水平。尽管用电脑制作的图报精美而有趣，但手工画报明显需要孩子花更多的心思、精力来规划。还有，你觉得哪种方式更有可能让孩子记住行星的外貌，是打印网上的图片还是亲手绘制？但是当天晚上，那个孩子的家长找到了老师——他们担心自己的孩子有点落伍。

——达琳医生和罗恩医生

　　作为父母，我们都希望孩子得到最好的。我们想给他们指引、鼓励和教导，希望他们长大成人时，能够做到既关爱他人又自信满满。但是父母们也同时受到"外面的世界很残酷"这一想法左右，因而想让自己的孩子全副武装，在竞争激烈的大学和职场中胜券在握。再花点时间重读一遍这个句子：

外面的世界很残酷，我的孩子需要全副武装，才能在竞争激烈的大学和工作中胜券在握。

这是一个家长陷阱。家长陷阱是指父母抑制不住为孩子排忧解难的冲动，挺身而出解救他们的情况。看似救孩子于水火，实则剥夺了他们成长的机会。我们在临床治疗中见到过很多家长陷阱，在解决孩子的困境或问题时，家长往往比孩子更卖力。当然，你想全力协助孩子。但你要分清楚自己是为了让孩子占些优势还是想协助他们培养自己的能力。当父母为孩子包办一切时，孩子也就失去了自己动手锻炼的机会，最终也会处于不利地位。另一方面，只有在发展能力时，孩子才能真正获取优势，并在进入成人世界后表现优异。由于不忍心看着孩子背负重压，家长纷纷落入给予陷阱中，忽视了协助的重要性。

你是否也落入了家长陷阱？可以看看自己的做法是否和下面的内容一致。

· 当孩子问我要东西吃时，我往往会停下手中的活去给他弄。
· 我的孩子总是用电子设备来打发无聊的等待时光。
· 如果我的孩子把写作业需要的书落在学校，我会再带他回学校取。
· 如果孩子的朋友用着最新款的手机，我也会给孩子买一个的。
· 交作业的前一晚，我会为他忙前忙后，因为他总是拖到最后一分钟才着手做作业。
· 我家孩子每天做的家务活不超过两件。

· 周末孩子没有多少空闲时间，他的时间都被课外活动占满了。

· 我家的电视常常开着，因为孩子除了看电视几乎无事可干。

· 我的孩子每天至少会发两三条信息向我问这问那，即使在上课时间也不例外。

· 要是孩子们心甘情愿陪我购物，我会在商店给他们买东西作为奖励。

· 如果孩子到达约定地点时发现我还没到，他就会立马发信息问我到哪儿了。

如果你的回答都是肯定的，那你恐怕是落入家长陷阱了。

掉入家长陷阱是一件再容易不过的事情！陷阱之所以诱人，是因为家长见不得孩子受半点委屈，所以家长"帮助"孩子的行为就很好理解了。但是在前面例子中，家长都不是在帮助、保护和引导孩子——他们是在亲自解决问题。

看完这一章，你会明白如何定义和识别最常见的5种家长陷阱，并掌握避开它们的方法。在接下来的几章里，我们会详细阐述在孩子的成长过程中，哪些特定事件或情况中最容易出现这些陷阱，以及这些陷阱与家庭教育之间的联系。同时，为了帮助家长理解儿童和青少年的不同发展阶段，对自己的孩子形成正确预期，我们还特意编写了指南。

最常见的5种家长陷阱如下：

· 解救陷阱：家长替孩子解决问题。

· 火速陷阱：家长火速满足孩子需求，不需要他们耐心等待。

· 压力陷阱：不顾一切地推动孩子向前冲。

· 给予陷阱：轻易满足孩子的物质需求，不给他们自己努力获取的机会。

· 负罪陷阱：因为内心的负罪感或不安感，家长冲动行事。

解救陷阱

看到孩子陷入困境，父母就心疼。所以，父母迫不及待地要给孩子解决问题，把他们从痛苦中"解救"出来。家长的这种行为会让孩子形成一个预期：总会有人替自己解决问题的。这实际上剥夺了孩子自己解决问题的机会。

每个人都赞同独立思考和解决问题的能力是孩子必学的课程。在童年时期，孩子不乏反反复复锻炼这些技能的机会，但家长却常常在两个方面落入解救的陷阱，即：学业和社交。

学业

在学业的领地上，总是有很多家长落入陷阱。家长仿佛陷入了歇斯底里，把每一个分数、每一次作业都看得很重，生怕它们会阻碍孩子进入理想大学。这种恐惧让家长时刻做好拯救孩子的准备，却在无形中错过了重要的教育机会。一个教 7 年级历史的老师最近讲过一个例子：他的一个学生由于不好好学习，没能通过考试。孩子的妈妈打电话问他怎么样才能让孩子的分数提高一些。这位老师回答："学习。"妈妈接着问孩子是否可以获得额外学分，老师回答说她的儿子整个学期都没有上能够修到额外学分的课程。她问能否让儿子在晚些时候补修学分，老师说不能。她焦急地问："那他怎样才能提高分数？"老师又一次重复道："好好学习，下次考试争取好成绩。"其实那个学生学起来很吃力，可即便如此，他也不愿意用心学习。这个案例中的一方是在学习方面消极倦怠的学生，另一方是只看分数，不重能力的家长。这个家长的出发点是好的——想为孩子铺平道路，但却没能帮他认识到勤奋刻苦的重要性，于是错过了这个宝贵的锻炼机会，更别说培养他的计划、组织能力和责任感了。因为她的眼里只有那个实实在在的成绩。再者，为了解决学生的问题，家长比学生本人更卖力。

家长用这种方式处理问题，其实是在向孩子传达这样的信息：找别人帮忙，问题就能解决。这位母亲不应该只想着寻找快速提高成绩的方法，因为这样做只是白费功夫。她应该想办法解决孩子不够努力、不会计划、缺乏责任心的问题。这样，孩子才能体会到在班上得低分是很尴尬的——比如不努力提高学习成绩，就会感觉低人一等。这样一来，他们就能和孩子好好谈谈下次该怎么做了。

社交

另一个使家长频频落入解救陷阱的情况是孩子与同伴的关系出现了问题。无论是自己的孩子和朋友闹矛盾，还是觉得自己的孩子被孤立了，家长都会想方设法替孩子解决问题或是帮孩子想办法，而从不让孩子自己处理，即使是最想让孩子得到锻炼的家长也不例外。如果家长总是操纵孩子的社交生活，孩子是很难学会自己交朋友的。这个陷阱不仅诱使家长乐此不疲地干预青少年的交友习惯，还跃跃欲试地想让家长插手学龄前儿童的玩伴选择。家长总是按照自己的想法干涉孩子的社交生活，但他们自作聪明的做法未必能让孩子获益。目前孩子可能会感到自己有朋友了，但从长远来看，孩子还是对交友这事一头雾水。家长的职责应该是引导、教会孩子掌握维持友谊的方法，而不是亲自出马，大包大揽。

大部分家长都明白孩子在交友的过程中难免磕磕碰碰，孩子需要自己学会处理问题，比如遇到分歧或绯闻该怎么办。但是他们想为孩子代劳的欲望太强烈，无法忍受袖手旁观的煎熬——他们会不由自主地给其他孩子的家长打电话道歉，迫使他们继续做朋友。很多家长没有意识到自己已落入陷阱，所以对此习以为常。

家长同时还在尝试用其他的手段拯救社交。比如给孩子买名牌衣服或电子产品，以免被朋友看不起。就因为孩子说了一句"别的孩子都有"，家长就会立刻掏腰包给他买，这种救援实际上剥夺了孩子自行解决社交困惑（感到受人冷落）的机会。家长应该把这个拯救自己、成为自己救星的机会留给孩子。

把拯救的机会留给孩子本人

看到孩子转忧为喜确实能让家长心里的石头落地。但如果你能教会孩子自己解决常见的社交问题，你们双方都能从中获益。作为父母，我们解决过的问题数不胜数，这对我们只是小菜一碟。但孩子们却急需锻炼自己的机会。想要教会孩子这一技能，帮助他们树立自信的家长可以参考以下建议：

- 首先要抵制"摆平一切"的诱惑，给孩子机会去自己解决问题。
- 如果你的孩子是小学生，和他们讨论多种解决方案不失为一个好方法，就像考试时做选择题那样。问问他们想尝试哪一项——当然选项应该根据他们的年龄和发展阶段来设定，然后让他们自己实施选出的解决方案或者提供一些适当的帮助。
- 如果你的孩子是中学生，有必要让他们自己想出一些可行的方法，然后让他们自己分析每一种方法的优劣并说给你听，接着让他们自己决定下一步该如何做。这时你的反馈和支持很重要。
- 如果你的孩子是高中生，你只需做他的精神支柱，整个解决问题的流程应该由孩子自己掌控。

火速陷阱

家长竭尽所能为孩子奉献的意愿落实到行动，就是刻不容缓地满足孩子的需求，一次又一次地使他们的愿望即刻实现。

对很多家长而言，关爱孩子就等于迅速满足其要求。孩子想要什么东西，家长只有马不停蹄地奉上，孩子才会心满意足。殊不知这种做法加强了他们对愿望即刻达成的预期。这种模式在今天的青少年和儿童身上极为常见，因为他们似乎不愿为任何事情而等待，从不！

多年来，"好事多磨"一直被推崇为人生不可忽视的箴言。但这和今天这个竞争激烈的社会是否有点格格不入？当让孩子考取高分，进入名校成为众多家长的首要任务时，上好耐心这一课与他们的终极目标之间还有什么关系？

心理医生沃尔特·米舍尔（Walter Mischel）因进行延迟满足和儿童方面的研究而著名，他的斯坦福棉花糖实验更是备受瞩目［在一篇他与埃贝·埃贝森（Ebbe Ebbesen）合著的文章中有所记录］。在实验中，研究人员给孩子一颗棉花糖，孩子可以选择立刻吃掉，或等待一段时间（15 分钟左右）后得到两颗棉花糖。作为对延迟满足能力的考量，之后他将做了不同选择的孩子进行比对。在继续追踪这些孩子18—20 年后，他发现，延迟满足能力强的孩子的学业表现通常更好，SAT[①] 分数也更高。类似的研究发现这类孩子还具有更强的社会责任感和上进心，更愿意为了实现更高的目标而不懈努力。总而言之，实验证明延迟满足能力强的学生大多学习目标明确，不会轻言放弃，还能做到谨言慎行，不会因为一时冲动而意气用事。我们的一项主要工作是让孩子充分思考，然后再付诸行动。无须赘言，教会孩子自律自控和延迟满足在帮助孩子实现学术目标、培养有效人际交往能力方面的作用不可小觑。

当孩子一心只为自己着想时

有一天，一个十几岁的女孩和她妈妈来到我的诊所。女孩怒

---

① 美国学术能力评估测验。——编者注

气冲冲地进来说："达琳医生，我妈妈太不靠谱了！我和朋友们用了整整一周的时间筹划一次彻夜狂欢，商量好到时相互化妆、做发型、做面部护理，却几乎被她一手搞砸了！"

事情的原委是她的父母对这个计划毫不知情，不知道买齐这些指定的美容用品很费功夫，得跑很多家店。彻夜狂欢活动前的周五下午，女儿给母亲发信息让她带自己去商店买必需品。母亲正约了别人谈事情，没顾上看信息。晚上女儿就冲母亲大吼大叫，埋怨她毁了这次活动，因为她自己要参加垒球训练，之后没时间去买东西了。母亲最后只得取消下午原本的计划，一家店接一家店地奔波，只为尽快完成女儿交代的任务，其实这些安排本身就很不合理。

——达琳医生

即刻满足一代的青少年和儿童只把自己当作孤立的个体，而不是大家庭中的一分子。当他们期盼得到某个东西时，从不考虑迅速满足自己的要求可能会给其他家庭成员带来什么影响。在刚刚讨论的那个例子当中，女孩根本没心思去分析母亲没看信息的原因，也没有考虑那晚家里可能会有其他安排。她只是单纯地认定妈妈会按照她的吩咐去做，满脑子都是自己的安排和需要。

为孩子忙前忙后的家长正是在不知不觉中鼓励着孩子的这种想法。如果孩子"家中第一"的地位无法撼动，他的需求也总是被最先满足，孩子有这样的想法也无可厚非。他有什么理由不这样想呢？当父母无法立即满足孩子需要时，孩子大发雷霆、又哭又闹地寻求关注也在情理之中。他不会替父母着想，因为他不习惯把自己和家庭联系起来。因此，等待对他来说就是一种折磨。

让孩子学会心平气和（换句话说是耐心）地等待是培养延迟满足的关键。这一招对于低龄儿童也能奏效。想要孩子考虑他人的感受并学会忍耐，家长需要时不时地让孩子明白他们必须等待。如果一个5岁的孩子说："妈妈，你能陪我玩吗？"母亲可以说："稍等几分钟，让我把这些刚洗的衣服叠好。"如果一个8岁的孩子说："爸爸，你能给我们做午饭吗？"爸爸可以说："再等10分钟我去做。"这时孩子要么是学会了等待，要么索性自己动手，而两个都是不错的选择。这不仅让孩子明白了耐心的作用，还让他们体会到他们是一个家庭或者集体的一分子，需要考虑他人的感受。不仅如此，他们还可能因为不甘等待索性自己动手，去尝试从没做过的事，从而树立自信。这么做对孩子来说既易如反掌，又是别开生面的一课。

让他们等

如果孩子在你忙的时候发出请求，你要不假思索地告诉他你正在做什么，他需要等你多久。比如你可以说："我很想帮助你，可我需要把手里的活干完，再等几分钟吧。"

即使你当时有空，也要时不时刻意地让他等一等。孩子年龄越小，等待的时间可以越短。跟孩子解释让他等待的原因也很有必要，例如："我先打个电话""等我遛完狗回来吧""等我把这章看完"等等。这有助于孩子领悟到他们是整个家庭的一部分，父母的事情也很重要。

电子设备带来的满足

> 最近，一个 17 岁的高中生事先和我约好要来诊所治疗。她自己开车来，提前两分钟到了，并给我发信息说她到了。由于我没空回复，约定时间刚到，她就来敲门了。这种情况时有发生。我趁机和她谈了谈耐心等待和社会规范的重要性，但这也说明她对此已是习以为常。

——罗恩医生

技术的发展大大降低了孩子对于等待的容忍度，而且，真可谓是雪上加霜。随着平板电脑一类新设备的问世，青少年和儿童再不需要"等"什么了。他们不仅可以点播电视节目、浏览数码相机里的照片（不需要等着冲洗胶片或打印）、借助 GPS 辨别方向（无须使用纸质地图），还能从万能的因特网上迅速搜到问题的答案。智能手机带来的便利让他们变得更加急不可耐（在第 7 章中，我们会深入讨论这一问题）。这种对即刻回应的需求在生活的其他方面也一次次得到强化。今天的青少年常常通过发信息和家长、朋友联系。事实上，对很多人而言，它已经成了主要的交流方式。因此，"在收到朋友发的消息时，应该立刻回复"也已成为社交规范。如果他们想获悉当天的日程安排或是派对的进展情况，只要给朋友发信息询问，就能很快收到答复，可见他们与需要的信息之间并无阻隔。以下是家长向我们讲述的真实案例，都是孩子急不可待的表现。

· 如果接孩子时，我没能按时到达，他就会迫不及待地给我发短信问我到哪里了。

- 我的孩子们不必忍受烦人的广告或者日夜盼望电视节目播放的那一天，因为他们可以点播自己喜爱的节目。
- 我们一家都喜欢在网上购物，因为第二天就能在家收到它们。
- 无论是排队还是等人，我的孩子都会用电子娱乐设备打发时间，比如玩手机游戏。
- 如果在学校遇到问题，我的孩子会在第一时间打电话向我求助。
- 我们家不需要地图，因为有 GPS 导航。我的孩子们知道如果迷路了，可以立刻给别人打电话，却不懂得用逻辑推理找出路。

这种便利越来越多、势不可当。但同时也有很多方法可以帮助他们学会耐心等待和延迟满足。下面是一些具体例子：

- 和你的孩子谈谈如果你没能按时接他们，他们应该怎么做。
- 让孩子参与家庭活动计划的制订，包括时间安排和活动所需物品或设备的准备，要让他们明白趣味活动不是天上掉下的馅饼，需要事先筹划和精心设计。
- 如果孩子想要一些东西，比如任天堂的一个新游戏、玩具或昂贵的服饰，你可以让孩子先帮忙承担一些做家务的责任。这不是赚取零花钱或是交换游戏的手段，而是让他们明白家长和孩子之间要互相帮助的道理。
- 规定电子产品的禁用时段，比如晚饭时间、家庭时间、晚上 8 点以后，等等。

·如果孩子想要做某件事，和他商量在一周内的其他时间做，而不是当天非做不可。

电子设备和我们很多人的日常生活已经密不可分。如果使用合理，它们确实能够带来便利，增添乐趣。但也助长了一些人对于即刻反馈的需求，这种需求甚至会在无意间超出正常范围。我们已就如何合理利用科技提出了一些建议。

教育宜早不宜迟

什么时候开始培养延迟满足能力，让孩子学会自我约束比较合适呢？婴儿需要得到即刻满足，他们离不开他人无微不至的照顾——饿了得有人喂，尿了得有人换尿布，胃里胀气得有人给拍嗝。当婴儿蹒跚学步时，他们的"需要"扩展成"需求"，这时诱导转向法（Bait-and-Switch Technique）就成了家长常用的应急策略。如果孩子想玩你的钥匙但你又得开车，你会用另外一个玩具来分散他的注意力，然后趁他不注意拿走钥匙。

是时候教给孩子"人是无法要风得风，要雨得雨"的道理了，有些家长知道这一事实后难免有些不忍心。这就是从即刻满足向延迟满足的过渡。如果一个两岁的孩子说"牛奶"，家长应该立刻拿牛奶给他，因为这个阶段重要的是鼓励他用言语与外界交流。但如果一个 6 岁或 12 岁的孩子说出"我想喝牛奶"，他完全可以等待。同样地，如果你的两岁孩子对邻居家的某个玩具着迷，你可以第二天立马就去给他买。但是，如果你为 4 岁或 10 岁孩子做同样的事，就是在强化他们对即刻满足的预期。

孩子只要一提出要求，家长就忙不迭地去满足，这是在剥夺孩子学会自己想办法达到目的的机会。他们无法培养照顾自己的能力和习惯。不仅如此，这种"只因为自己内心很急切，就认定所有想要的东西都必须如期而至"的处事原则也是行不通的。因此，孩子形成的这种定式思维只能让他们更加失落。

蹒跚学步的孩子已经能够等待了

9个月大的孩子就能开始学着等待了。孩子年龄越小，等待越有趣，但他们学到的东西是一样的。下面这些游戏可以教会幼童轮流做事，使他们变得更有耐心。

9—12个月

陪孩子玩游戏，比如，把一块积木扔进玩具里制造声响或是来回滚球玩，每次轮到你的时候先数"一、二、三……"然后等两三秒再开始，但同时要露出满心期待的神情，使他的兴致保持高涨。

12—18个月

玩和之前相同的游戏，但把等待时间延长至5秒。

18—30个月

如果孩子提出要求，你可以口头命令他们等一等，但是注意时间不能过长。比如，你的孩子伸手并说"抱"时，你可以回应"好的，等两秒钟"，然后在数到二后抱起他。

3 岁以上

等孩子更大一些时，你可以更明确地说希望他们等一等。例如，你可以对 3 岁半的孩子说"好吧，我们来数到 10"或"可以，等我把这些东西放好就来"。孩子很快就会排斥"等一分钟"的说法，所以最好选择另一种方法让他们明白需要等待的时长。

但也请注意这种方法并不适用于所有时刻，比如当孩子因为闹觉而狂躁地大喊大叫时，就不适合练习等待。这样也没关系。你要尽量把它穿插到游戏中，因为那时孩子心情愉悦。这样的话，当你确实需要他等待时，他会自觉地配合。

压力陷阱

父母对孩子的成就津津乐道。同时他们也为孩子殚精竭虑，生怕孩子因无法在竞争中胜出而信心受挫、自暴自弃。受这一想法左右，家长不由自主地推动孩子向前冲，完全不顾孩子的承受能力。

今天的育儿文化给家长施加了巨大的压力，他们想方设法地为孩子创造一切有利条件。父母不想因为自己没做到位（无论是在学术、成长、体育还是社交方面），害孩子输在起跑线上，于是使出浑身解数帮助孩子成为班上的尖子生、球队的最佳球员，并交到最多的朋友。家长想让孩子有十足的自信和良好的自我感觉，所以他们就会去揠苗助长。比如说，如果孩子不在班上的优等生行列，家长会给他们请家教补习功课，提升名次；为了成为最佳队员，小小年纪就接受私人教练培训的运动员比比皆是；家长们甚至不惜重金举办异彩纷呈的活动（比如价格不菲的生日派对），为孩子吸引更多的朋友。但如果家长的这些期望与孩子的能力、愿望和个性格格不入怎么办？家长要求孩子成为全才往往是强人所难，由于受特定发展阶段的制约，至少在某些方面，孩子还没有具备家长所期待的能力，因为没有哪个孩子能处处优胜。结果是孩子常常无法满足家长的期望，家长大失所望，孩子沮丧挫败，可谓两败俱伤。

家长的初衷当然也不是让孩子不惜一切代价地事事当先，但往往会在不经意间向孩子传达这种信息：

> 玛丽是一个好学生（成绩 B+/A−），学了 5 年钢琴，也是垒球队捕手。当她把报告卡或成绩单拿回家时，她的父母就会对分数进行一番点评，和她讲如何把 B+ 提高到 A。周末的一个钢琴独奏演出又给了她的父母新的讨论话题，那就是他们看到演奏的男孩虽然比玛丽小 3 岁，但弹奏的曲子却更复杂。他们其实只是在表达对高超演奏水平的惊叹，并不是有意让玛丽感到自卑。然后在接下来的垒球比赛中，她在接球时犯了两个错误，致使对方两次跑垒得分。赛后教练找她谈话，为她安排了下一周的额外接球训练。
>
> ——达琳医生和罗恩医生

常常会有青少年和儿童向我们诉说周围的成年人给他们带来的压力。这个陷阱引诱家长推动自己的孩子向前冲，并"给予"孩子各种优势。他们的初衷是最大限度开发孩子的潜能。尽管他们是出于好意，但孩子却觉得这是在对他们说："你表现得不够好，需要再上一层楼。"事实上，家长越是力求尽善尽美地完成使命，给孩子施加的压力就越大。

家长的压力

孩子还很小时，家长就有了不能让孩子输在起跑线上的压力。无论是教一两岁的孩子阅读，还是给连路都不会走的孩子上音乐课，这类做法都显示出家长的种种焦虑。他们四处打探其他家长的新兴育儿方案，并审视自身是否对孩子倾尽所有。这开启了他们质疑自己育儿经的模式。家长本该想着："我只想让我的孩子幸福快乐""我想让他们发展自己的兴趣爱好"或"每个人都有自己的优点"。现在却转变成"我现在该找一家学前教育机构了""我应该找个外语启蒙学校""我的孩子都 3 岁了，该上音乐课了"。

抚养孩子责任重大，家长不能对孩子的很多事情草率地做出决定。在很多情况下，家长会参照别人家的孩子给自己的育儿方法和自家孩子的能力挑毛病。这就是家长压力陷阱。尤其在听说别人家孩子参与的都是精英活动时，这个陷阱就更具诱惑力。比如，当一个孩子接受的学前教育以学为主而非以玩为主，参加的体育活动以"俱乐部"或竞技形式为主而非以休闲娱乐为主，或是学习高等课程而非常规课程时，家长就会对他做出各种正面的猜想。即使这个孩子在这些项目中的某个方面不是那么出类拔萃，他们也会认为他比同龄人更胜一筹或更具天赋。各个年龄段的家长都会感受到这种压力，并落入推动孩子一马当先的陷阱。

家长应该搞清楚这个压力来自他们本人，而不是孩子。孩子们想去闲逛，玩耍，做自己想做的事，并没有什么功利心。

没有一个家长能对所有问题了然于心，所以他们会不停质疑自己为孩子所做的一切是对是错。家长不自觉地与别人进行比对，效仿其他家长看似较好的做法。家长常常为了自己眼中的"理想"奋斗，全然不顾孩子的想法。因而不经意间就会落入压力陷阱，却还浑然不知。

世上没有十全十美的家长

不遗余力地为孩子的成功和幸福奋斗的家长容易落入压力陷阱。很多时候，孩子的成功源于自信心和荣誉感，这一点无可辩驳，但一个常常被忽视的问题是：孩子能获得这些能力并不是因为小时候受过语言或是音乐的熏陶，而是因为他们对此有兴趣，同时家长也提供了必要的支持。

切记没有两个相同的孩子。能让某个孩子受益的活动或支持不见得在其他孩子身上也能奏效。

不要过分控制或是过度安排孩子的日常生活。每个孩子都有独一无二的天赋，而家长最大的责任之一就是在创造机会和避免过分干预之间掌握好分寸。

给予陷阱

家长不想让孩子在同伴面前抬不起头，因而落入对孩子的物质需求百依百顺的陷阱中。孩子有求，家长必应，则孩子本身并不需要努力。

我们接触的很多孩子用着价格不菲的最新款手机、平板电脑和音乐播放器，这总让我们唏嘘不已。这些设备往往不是生日或节日礼物，只因为孩子想要，家长就买了。

当被问及时，家长会说："他说朋友们能用手机做很多事情，他的旧手机却没那些功能。他需要一部智能手机。"还有家长喜欢看到孩子拿到新潮玩意时欣喜的表情。

无论是名牌服饰还是最新的科技产品，孩子们常常把拥有某些新潮设备的重要性挂在嘴边，提醒父母，如果没有这些东西，他们就会遭到嘲笑和冷落。家长自然会认为如果他们能够解决问题（通过给孩子买他们想要的东西），孩子就能获得认可和接受。很多家长跟我们说，他们自己心里也清楚，鼓励孩子通过努力去获得这些东西不失为一种更好的策略，但在孩子的苦苦哀求下，他们很难坚守。因此，家长们就会被给予陷阱困住，束手无策。

以前的孩子懂得满足愿望要靠自己的辛苦努力。他们可以选择先干活赚钱再买自己想要的东西，或不干活也不要东西，就这么简单。那时，礼物是特殊的额外馈赠，而不是想要就有的。相反，孩子们乐于找份工作，赚钱给自己买东西。这一代孩子可就完全不同了。

父母跟我们说，他们希望自己的孩子拥有自己儿时无法得到的东西，不想让他们像自己当年那样，在成长过程中由于没钱而留有缺憾。这种想法的后果就是对孩子的溺爱娇惯。看看这一代孩子从大人那里得到了多少东西。又有几个孩子在自己支付话费或下载应用程序的费用？我们接触到的白拿零花钱的孩子越来越多。为了不让孩子感到"低人一等"，家长常常给他们买最新的科技产品，比如智能手机、平板电脑和电子游戏。这和大多数人认可的"自食其力"的理念相去甚远。

教他们自食其力

能自己赚钱买东西的青少年和儿童的数量已经大幅下滑。数据显示过去4年里，尽管总体失业率有所下降，但打工赚钱的青少年的数量却创下了新低。凯文·霍尔（Kevin Hall）在麦克拉奇报业（McClatchy）华盛顿分社的报告显示，青少年中打工人群的比例已经从1999年的52%下降到2013年的32.35%。在中学期间做兼职不仅能让青少年对自己的工作能力充满信心，还能让他们学到责任、独立、赚钱、组织和计划的意义。但是，就像我们之前谈到的一样，父母过度安排了孩子的时间，结果孩子挤不出时间去工作，这样一来，就无法自己赚钱，父母还是得为孩子的额外需求买单。不劳而获由此成了孩子眼中理所应当的事情。

有几种方法能够让孩子学会自食其力。首先，控制零花钱（当然和其他东西一样，不能随意给）。孩子们需要自己赚零花钱，很多家庭将零花钱和做家务的情况挂钩。发放方式视各家的日程和其他负责任因素而定。比如，一些家庭用家务表给每个孩子指定任务，还有一些则规定孩子每完成一项家务，就能领到相应数目的零花钱。要想让孩子感到自己是家庭的一员，就必须划定他们的义务——比如说，摆放或收拾餐桌，在家长的要求下把垃圾扔出去（除非已经设定为日常任务），需要时帮忙安排周末活动。另一方面，也得有一些不属于分内之事的家务，让孩子能以此赚钱，比如洗衣服、做院子里的杂活、洗车或是额外的清洁工作（吸尘、掸土或擦洗）。

另一个教会孩子自食其力的方法是鼓励他们走出家门去工作。一些学生可以做兼职工作，另一些可以干点零活，比如帮别人看孩子或遛狗。工作和家务不一样，因为工作可以帮助孩子学会任务管理，为自己因良好地完成工作并赚到钱而感到自信和自豪。

让他们自食其力

从多个层面来看，让孩子建立自己赚钱买东西的观念都是值得提倡的。这不仅能够让他们学会延迟满足，了解很多东西都是靠辛苦努力赚来的，而不是别人给的，还能教会他们做好计划，为实现目标而奋斗。如果你的孩子会因你不给他们买东西而愤怒，那么你应该知道这个做法并不意味着断然拒绝孩子，而是为他们获取心仪的事物提供更多方案。他们会因此明白当他们跟你说某个东西很重要时，你的确是在认真听，并领会到你所传达的信息：功夫不负有心人，他们只需积极地采取行动来实现自己的目标。

当孩子想要钱买东西时，表示支持不失为一个好方法。但这不意味着要给孩子买；只是让孩子看到你和他对新事物有同样的兴趣就好。然后家长可以帮孩子想一些赚钱买东西的点子。

· "如果你帮忙打扫院子，就可以赚到钱买你想要的玩具。"
· "是的，在苏家见过的那个电子游戏确实很棒，你说得没错，你们肯定会一起玩得很高兴。让我们来看看它卖多少钱，再想想办法让你买得起。"
· "嗯，我也觉得那条新款牛仔裤不错，但比我平时给你买的要贵很多。我可以按照常规价给你钱，然后再一起讨论一下你该如何赚够剩下的钱。"

对于昂贵的东西，通过计算需要干多少活才能挣够钱可以让他们明白钱的价值。这个过程实际上在培养他们延迟满足、解决问题、计划安排等能力，而这些正是家长想方设法要教给孩子的。

· "你说得对，那部手机确实很棒。买下它要花多少钱呢？我们一起来看看你的签约手机何时到期，买新手机可以获得多少贷款。如果你想尽早买，我能帮你想想赚钱的办法。"
· "你想在 16 岁时拥有自己的车？我们先来查查不同类型的车的价格，然后你再想想自己要付出什么样的努力来赚够买车的钱。"

负罪陷阱

> 家长不想成为孩子心有不悦的罪魁祸首。当家长认为自己是孩子不高兴的元凶时，不需要孩子出口埋怨，都会被负罪感缠绕，落入负罪陷阱。

很多孩子都会为了让父母向他们效劳而软磨硬泡，这在孩子的成长过程中再正常不过，他们也常常能达到目的。一个孩子可能会嗲声嗲气地央求道："妈妈，求你了，求你了，求你了，给我买那个洋娃娃可以吗？"如果家长不同意，孩子可能一遍遍地请求或索性大吵大闹，逼迫家长心软就范。孩子可能还会施展激起家长内心负罪感的请求术："我真的很想在这门课得高分，但如果你不去帮我拿论文，我上交得迟，这个愿望就泡汤了。"这时形势就逆转了，家长感觉提供解决之道义不容辞。解决问题不仅能减轻负罪感，还能避免与孩子的争执，但这种情况真的是"一次而已"吗？

父母常常会因为引起孩子的不快而心生愧疚，继而质疑自己的决定。管教孩子需要冒着激怒孩子的风险。这可能会引起一场家庭战争，然后孩子就会说："我讨厌你""你不懂"或"你把我毁了"。尽管这是儿童成长必不可少的环节，但父母何苦要给自己找麻烦呢？因此父母落入了向孩子妥协的陷阱——表面上风平浪静，实则后患无穷。

忙碌的家长时常会弥补空缺

毋庸置疑，马不停蹄地忙碌是当今家长的常态，双职工家庭的数量也越来越多。因为不能经常陪孩子，家长极易向孩子屈从。家长告诉我们，他们会因无法出席平日学校组织的活动或无法陪孩子参加朋友聚会一类的事情而心生愧疚。因此，他们更有可能义无反顾地拯救孩子或是无条件地给孩子买昂贵的东西。他们可能会应孩子的要求（而非请求）做一顿特殊的饭菜或是给他们买最新的电子设备。

忙碌的家长还更有可能立刻给出解决问题或困惑的答案，而不是帮助他们学会自己解决问题。只有看到孩子恢复平静，脸上的愁云散去，他们才能松口气。想想孩子说的话："妈妈，我不爱吃你给我带的午饭，所以没吃，我现在真的很饿。我们得停下来吃点东西再回家。"对于我们很多人来说，这是触碰了负罪感的开关。因为自己没给他带可口的饭菜，他连午饭都没吃，现在已经饥肠辘辘了。为了减轻孩子的不适和家长的罪恶感，家长可能会在回家途中停下买食物。但是，这样做不仅让孩子即刻得到满足，还使父母成为过错方。另外一种回答是："你可以在回家后自己做点想吃的东西。如果你午饭不想吃这个，可以和我说，咱们弄点不同的东西。"这个回答教会孩子对自己负责（你必须时不时吃一些自己不喜欢的食物，因为它们对你有好处，是你身体所需的）、自己动手（做自己喜欢的零食）、自己计划（以后的午餐）。

安排"欢乐星期五"的活动

上班的父母日子总过得忙忙碌碌，因为即使在家休息，他们也得做各种各样的家务，没有多少闲暇时间。因此，当孩子请求他们做点别的事，比如玩游戏或邀请小伙伴们来家里玩时，答案永远是"今天不行"，并且也没有日后去做的计划。这也加重了家长的负罪感，尤其是他们忙着做家务，不得不打发孩子去看电视或玩电子设备时。

尝试定期搞"欢乐星期五"的活动。周五一般最适合，但任何一天都不错——只要是家长和孩子都无事一身轻的日子。也就是说在那天人们不用洗衣服、搞卫生、做作业或是进行其他占用闲暇时间的活动。当孩子请你和他一起玩游戏时，你可以痛痛快快地回答："好啊，我们来一起计划欢乐星期五吧。"如果孩子想邀请小伙伴来玩，你可以说："那欢乐星期五可就热闹了。"这样孩子就有了盼头，家长也会兴致勃勃地去计划安排，摆脱重重负罪感了。这也是轻松有趣的家长日。无事一身轻？谁不想要这样一天啊！

识别并避开家长陷阱

记住：突破限制，想方设法满足自己的需求是孩子该干的事。家长和老师的使命是设定限制、恰当地引导孩子实现愿望。既然你已经了解到是哪些陷阱在作祟，下一步就是擦亮眼睛，对号入座了。父母应当分清哪种情况下容易中招——只顾着满足需要，忽视了训导说教。向自己提出以下问题，看看你是否已经跌入家长陷阱了：

1. 你的孩子是否会在应该自己去想办法的情况下把问题告

诉你？

2. 你是否有强烈的使命感去解决问题，无法做到只听不做？

3. 如果你不亲自解决问题，孩子是不是会暴跳如雷或焦虑不安？

4. 如果你没为孩子效劳，会不会感到内疚？

5. 你们谈话时，孩子会不会拿别的家长和你比？

6. 是不是在生日或节日之前，孩子想要的东西就已经成了他的囊中之物？

7. 你是否会因为看到别的父母为孩子举办生日派对而排除万难照做？

8. 你是不是每年都会给学校写信为孩子挑老师？

9. 你是不是觉得在完成学校作业这方面对孩子的帮助过多了？

10. 当孩子有需求时，你是不是会不假思索地停下手中的一切，就为了做到对孩子有求必应？

11. 你会不会明知不可为而为之，奋力使孩子摆脱问题，然后对自己说下不为例？

12. 你是不是会在活动或会议期间回复孩子无关紧要的信息？

一旦识破这些陷阱，你就要尽量绕道而行，坚定地迈出下一步。要知道孩子肯定会因被拒绝或是没人帮忙而心生不悦。所以，当孩子向你求助时，显得焦躁不安也很正常，他就是为了化解焦虑而来的。你的职责就是不慌不忙地引导他，放手让孩子自己考虑可能的解决方法。

避开家长陷阱，支持你的孩子

· 当孩子带着不满或问题来找你时，你首先应该说："告诉我发生什么事了。"让他明白你正在听，并且很想知道他会说些什么。

· 接着问："你现在想到哪些办法了？"或"你打算怎么办？"这会促使孩子积极思考如何解决问题，同时也显示出你仍在用心听。即使你想告诉他解决措施的冲动很强烈，也要克制。

· 告诉孩子即使他想不出办法也没关系。事实上，沉着冷静地面对问题就算迈出了关键的第一步。

· 在孩子想出一些办法后，进一步引导他们分析后果或可能的结果，接着问："如果这么做，会发生什么事呢？"或"如果你这么做，他们会做何反应呢？"

· 只有在长时间的讨论和倾听之后，你才能问："你是不是可以考虑下……"或"你想不想听听其他方法？"

在这一章，我们探明了5种常常影响家庭教育的重大陷阱。在帮助家长认清它们的真面目后，我们会针对不同年龄段的孩子，就孩子的自我意识和家长的教育行为提出建议。在以后的章节中，你还会看到这些陷阱。到那时，它们将出现在家长常见的情境中。

第 2 章

解救孩子只能让他们错失良机

每年我们的孩子都会受邀参加学校的募集资金活动。为了诱使孩子们卖出更多的商品，学校会开出各种诱人条件，比如"如果你能卖出 10 本杂志，周五就能参加一个比萨派对"或是"如果你能卖出 20 卷包装纸，下周午饭后就可以登录游戏卡车（Game Truck）玩游戏"。我们常常听到家长说他们不想让孩子错过比萨派对或是电子游戏，因为孩子肯定想去，而且孩子的朋友们也都会去。这项活动很快就演变成家长的任务，为了实现目标，他们比孩子还投入，常常提醒孩子去找邻居或打电话给亲戚推销。但如果孩子犯懒不去，他们甚至会亲自出马解救孩子，避免孩子失落沮丧——比如，如果孩子的销售额不达标，他们会请求朋友或同事帮忙买。这样，孩子几乎是在坐享其成。

　　　　　　　　　　　　　　　　　　——达琳医生和罗恩医生

　　家长最常犯的错误之一是分不清帮助和解救的区别。当一个家长把他的孩子们从冲突中解救出来时，他是在替他们"做事"。我们在上一章中把这称为解救陷阱。相反，如果家长支持孩子自行解决问题，就是在"鼓励"他们形成批判式思维和承受能力。孩子学着去忍受因困惑引起的不良情绪的同时，也是在运用解决问题、统筹规划和社会交往的能力。这一过程对于推动青少年和儿童的发展不可或缺，一旦有人把他们从困境中解救出来，他们就失去了培养这些能力的机会。

焦虑可以是一种健康的情绪

焦虑是对未来的不确定因素感到不安和恐惧的状态。也就是说，当一个人感到无所适从时，焦虑就会应运而生。每个家长都知道人生变幻莫测，我们无法为自己和孩子清除所有的不确定因素，所以只有训练他们处变不惊的能力。

> 在一周的时间里，我接到 3 个离异家长的求助电话，他们的孩子焦虑不安，不爱参加活动——一个待在家里不想去学校，害怕和老师说自己忘做作业了；另一个由于前一天的误会，不知午饭时该如何面对老朋友，便想离开学校回家去；还有一个想放弃足球，逃避训练，因为觉得自己在其他队员眼里球技很差。
>
> ——达琳医生

来拜访我们的青少年多数是一面备受焦虑的折磨，一面对它敬而远之。引起青少年焦虑的原因千差万别，但都没有脱离一个主要原因：由于家长每次都会挺身而出，青少年几乎没有独当一面的经历。我们屡次听到孩子们说他们只是想向家长诉诉苦，可家长却二话不说把问题给解决了。长此以往，孩子便无法认识到焦虑只是暂时的，只有自己进入解决问题的状态时，才能真正得到缓解。然而，父母为孩子扫清障碍，只能给孩子一种虚假的安全感，让他们错误地认为但凡需要，父母就会替他们摆平一切。他们一旦犯下家长也无力庇护的错误，就会不知所措。比如，我们常常听家长说他们从没想过自己的孩子会因违反宵禁而被警察勒令停车或因聚众酗酒被警察抓住。这些孩子有一个共同点：每天被迫上学，参加为数不多的社会活动（由家长一手安排），无暇做家务或分担家庭责任。他们的父母却还指望从未自己做过决定的孩子在关键时刻当机立断。因为怕孩子把事情搞得一团糟，放手让孩子自行解决问题对家长来说是一道难以逾越的鸿沟，但只有年幼时多做尝试，才能为日后自行解决问题做好准备。

　　家长解救孩子的动机往往源于自身的焦虑和保护意识。我们都想保护孩子免遭挫折，尤其在具有解决问题的能力和经验时。但你能给孩子的最好的礼物之一是让他们学会临危不乱。你的孩子会因此信心大增，深信自己能应对各种棘手的问题。其实，让孩子在熟悉的餐厅里独自去厕所就是一种锻炼。也许在返回时他会因迷路而惊恐万分。但在绕来绕去找你，甚至向工作人员求助之后，他是可能找到自己的桌子，同时认识到自己也能解决问题的。另一种锻炼方法是，去一家你们常去的超市，指定两三样东西让孩子找给你。这种独立解决问题的经历能培养他们的自信心、自豪感和责任感。如果家长还是不放心让孩子独立完成，担心"万一他走丢了怎么办"？我们会说："在这样一个安全的环境下，迷路其实是件好事，这样他才能自己想办法解决。"

远距离观望

如果放手让孩子去尝试，令你惴惴不安，你可以选择在远处看着他。你可以在房间的另一头看孩子找洗手间，或在送他去学校时，让他自己走完最后两个街区（你甚至可以在车里看着他），或是当他和别的小孩玩时，坐在公园的另一端。但你要记住：远远观望，即使出现问题也不要插手。如果你的孩子迷路了，看他如何想办法在你介入之前找到你。这需要耐心，但在远远望着孩子自己想方设法解决问题时，你也许会对他更有信心。即使这样做对很多家长来说都很困难，但只要孩子没遇到危险，就不要轻易跳出来帮他。

家长解救孩子的不同方法

家长解救孩子的过程，就是奋力阻止孩子自行解决问题的过程。解决问题，需要练习，而最好的练习往往来源于日常生活中的各种机遇。从襁褓之中到幼儿园再到中小学，向前迈出的每一步都给孩子和家长提出了新的挑战。而每次遇到新挑战时，孩子就会局促不安，家长难免要出手相救。

技能解救

"技能解救"在孩子很小时就开始了，它是指家长急不可耐地为孩子做事，不让他们自己去摸索、学习。当你看到一岁多的孩子半天穿不上鞋，可能会不由自主地帮他穿上，尤其是当你赶时间或快迟到时。等孩子上了幼儿园，面对他没有完成的美术作业，你还会这样做——哪怕你只是帮他润色了一番。

其实在上学前，孩子身边有很多机会可以尝试新事物，增强自信心。襁褓中的孩子就已经开始尝试自己动手了（比如自己抓东西吃）。蹒跚学步时，每天会学着如何穿衣、洗手、与人交流（眼神交流、分享、与你交谈）以及解决问题（过家家、游戏拼图、探索）。从生活中学习的机会数不胜数。人类发展方面的权威理论家让·皮亚杰（Jean Piaget）把这一时期的孩子描述为积极探索身边环境的"小科学家"。小学三四年级时，孩子的负担会加重，学校的课程内容也变得更加复杂。由于这些变化，构建能力的机会自然会减少。加之他们面临的挑战越来越棘手，家长解救孩子的意愿也日渐强烈。因此，千万不能错过早期出现在孩子生活中的锻炼机会。

写这本书的一个原因是我们认清了这些诱因并知道自己也需要定期反省。无论如何，家长都不忍心看着孩子陷入困境、苦苦挣扎（当这并不好笑时），因此难以克制解救他们于危难之中的冲动。但我们也发现，这样做其实剥夺了孩子锻炼的机会，中断了他们学习技能的过程。家长可以这样做来抑制冲动：先观察5—10秒，再决定是否帮他们。记住，看到孩子迷茫无措时，一定要保持淡定，而且要认识到这是一个绝佳的学习机会，孩子会因此学到一些能够受用一生的技能。

弥补失去的机会

　　家庭生活总是忙碌的。当一家人准备出行而且已经迟了时，往往留不出时间让一岁多的小孩自己穿衣服，让大一些的孩子做午餐或让十几岁的孩子自己洗衣服。这些状况时有出现，是没关系的。家长只要做到心中有数，知道孩子错过了锻炼机会，就可以选择其他时间让孩子锻炼，并刻意为孩子创造新的机会。

　　比如，一个四口之家常常会度过一个混乱不堪的早晨。幼儿博比很少有机会自己穿衣服。为了创造学习这一技能的新机会，他父母晚上让他自己换睡衣或是在周末自己穿衣服。

社交解救

　　我们都希望自己的孩子能够交到好朋友，而且受到同龄人的青睐。家长应该还记得儿时交友过程中的磕磕绊绊，也记得受人冷落时的辛酸痛楚。因此，当孩子在人际交往中出现问题时，家长对孩子所受的考验和折磨感同身受，本能地想要保护他们。

　　有些孩子很幸运——他们是天生的社交能手，不费吹灰之力就能交到不少朋友。而大多数孩子没那么幸运，至少得苦心经营一番，才能交到朋友。与人交往的技能可以在后天习得并加以锻炼。但是，如果家长介入，孩子就会与锻炼这些能力的机会失之交臂。社交解救是指好心的家长剥夺孩子独自练习和化解纠纷的机会。

一个中学生的母亲跟我说他儿子因结交女友而遭到朋友奚落。是忠于爱情还是忠于友情？他夹在朋友与女友之间进退两难，近乎崩溃。据多数人反映，这位女孩聪明、可爱、漂亮而且家境不错。这位母亲为此忧心忡忡，给其他男孩的家长打电话，请求他们让他们的孩子向自己儿子道歉并停止讽刺挖苦。她同时希望那些家长和我对此保密，不然她儿子会更加心烦。

——罗恩医生

在这个例子中，男孩面临的是一个再常见不过的社交问题——奚落，但还没等到他自己想办法，妈妈就亲自出马替他解决了。尽管他的方法和大人的不完全相同，效果也不一定能如他所愿，但他能亲自经历这一切。正如我们在本章前半部分所说的那样，实践出真知。只有亲自尝试，才能获得解决问题的能力，建立自信。通过自行解决社交困惑，儿童和青少年在日后独自解决问题时才能充满信心。

给孩子足够多的机会锻炼社交技能

孩子需要锻炼社交能力的机会。但是孩子不知道如何为自己创造这些机会。家长可以帮忙。针对不同年龄的孩子，我们提供了不同的干预措施，以促进孩子社交技能的发展以及自信心的提高。

· 学龄前：给学龄前孩子约玩伴、组织集体活动的重任自然会落在家长身上，这类活动多多益善。但也要注意给孩子留点自由时间。让孩子选择一些简单易行的活动（艺术活动、后院游戏、逛公园等等），也可以提供一些可行的备选方案，你的孩子们可以选择其一，或是一个都不选，或是把这几个巧妙结合——最终取决于他们自己。

- **小学**：孩子上学以后，你可以规定好时间地点，协助他们组织聚会。比如："这周一或周四放学以后你可以叫个朋友来家里玩，一直玩到 5 点。"准备一些健康又受孩子欢迎的零食和有趣的游戏，并主动提出开车把他们接回家。接孩子们来你家很正常，但要给他们留足空间自己玩，锻炼社交技能。你最了解自己的孩子，如果他们不善言谈，最好先安排一些不需要进行太多交谈的活动，比如，邀请朋友去看电影或玩新电子游戏。

- **中学**：孩子到了这个年龄后，你就得时刻关注他们的社交动态了。如果不想当局外人，一个好的对策是多问问题。比如，如果你看出孩子正为交朋友的事惆怅，问问他为拉近与同伴的关系做了哪些事。有时孩子只是需要一个向你倾诉的机会，而有时他可能需要一点帮助。你要抵御"摆平"问题的诱惑，同时放心大胆地助他一臂之力。如果你的孩子想约朋友出去，又不知打电话时该怎么说，你可以向他提出一些具体的活动建议，让他在电话里有话可说（比如说一起去看橄榄球赛、看电影等等）。如果拿起电话就紧张得语无伦次，可以采用发信息的方式更轻松地组织活动。当然，发过几次信息后，还是要鼓励他们直接给朋友打电话以锻炼直接沟通的能力，避免过于依赖信息。

学业解救

学业解救是指为了取得好成绩，家长比学生更拼命。从小学开始，家长就过度包办孩子的作业和任务，而且一路持续到高中，有些家长甚至亲自代劳。原因显而易见，有些成人比孩子更看重分数。在家长眼中，高分能让孩子拥有更好的老师、更强大的自信，同时也是进入高中重点班和名牌大学的敲门砖。这些想法也有可能是对的，但如果得高分的是家长，那么重点班和常春藤名校就未必适合孩子。你如果觉得自己为了孩子的学习付出的精力过多，那么需要问问自己，你在多大程度上是为了保护至关重要的分数呢？

对于即刻满足的一代来说，手机的普及为学业解救创造了更为便利的条件。只需轻触几个按钮，老妈老爸就会立刻来救场。孩子根据自己的经验推断，这样做应该不会有闪失。如果孩子认为他们没必要自己解决问题，就会一次次地把问题推给家长，手机则加速、简化了这一流程，孩子甚至都不需要等待或思考。用手机联系父母后，他们能瞬间获取解决方案。以下是家长向我们讲述过的真实经历。

· "妈妈，我忘带今天要交的论文了。你能把它送到学校来吗？"

- "爸爸，放学后我要训练，你得帮我把运动鞋拿来。"
- "妈妈，我的短裤不符合学校的着装要求。你能给我拿条别的过来吗？不然他们就得让我换运动服了。"
- "爸爸，我做美术作业要用颜料、画板和胶水，这份作业明天交。"

人们只能更充分地处理有意义的信息。想想每次洗完澡，你要求孩子从地上捡起毛巾的场景。如果每次你看到毛巾在地上时都会说"你应该把毛巾挂起来"，却自己把它挂在钩子上，那么你的孩子可能从来都不会去做。他不是有意把你的话当耳边风，因为他确实不记得了。现在可以换个策略，跟他说要是还把毛巾扔在地上，就不许他和朋友约会、出去玩或是玩他最喜欢的电子游戏，看看他有什么反应。下一次，他就会记得要把毛巾捡起来了，因为将后果告诉他（而且说到做到），能让你的话掷地有声——毕竟亲身经历的切肤之痛比那些不痛不痒的话更有分量。当你的孩子忘记完成任务（比如上交家庭作业、为外出游玩赚钱、洗运动服、告诉你活动需要准备的东西等等）时，让他们自己承担后果，他们才能真的铭记于心。

一次小学 5 年级组织的野营活动是在航空母舰上住一晚，但因为地方有限，只能先到先得。一位母亲说她可以为女儿填好要交的表格，但女儿如果确实很想参加，应该自己调好闹钟早点去学校。女儿如果忘了这件事或是起床晚了，可以任选时间上交表格，但需要接受没有空位的事实。

——罗恩医生

总结

问题

父母不忍看到自己的孩子焦躁不安，想竭尽全力保护孩子，使其远离挫折。

陷阱

对父母来说，孩子面临的大部分问题解决起来都易如反掌，这样做也的确减少了解决问题时产生的眼泪和纷争，还有可能得到一个更完美的结局，但是家长需要谨记：这剥夺了孩子至关重要的练习机会。

改变策略

经得住解救青少年和儿童的诱惑。让他们想办法自行解决。

1. 制定等待的规则，不要轻易改变。让他们从小就养成等待的习惯，习惯成自然。无论你的孩子处在幼童、儿童还是青少年期，当他们发出请求时，不要急于满足，应该根据孩子的年龄调整等待时间。

2. 定期给孩子们提供一些自己解决问题的机会。

3. 让孩子自己摸索问题的解决之道。可以给他当参谋，但是不要急于提供简单易行的方案。不要因为他们的方法不够周全而纠正他们。他们的方法可以不完美，只要行得通就好。

4. 放手让孩子尝试。在不涉及安全问题的前提下，尽可能让他们去亲身体验，这是学会解决问题的最佳方法。

5. 事后询问。开诚布公地与孩子谈谈之前发生的事情并问问他们下次打算怎么做。

6. 让孩子去承受自己的行为或选择的结果，这会让他们有强烈的切身感受，日后才能避免重蹈覆辙。

第 3 章

毫无疑问每个人都会犯错

和一个两岁孩子母亲的第 3 次约诊令我至今难忘。她和先生为了能在培养女儿方面默契配合，每次都是一同来咨询。第 3 次约诊时，由于她先生迟到了，我和她单独聊了 30 分钟。一周以来，她都没怎么合眼（她的女儿仍然无法一觉睡到天亮），此刻已心力交瘁。谈话开始 5 分钟后，她向我吐露心声，说有时她很想一个人开车去很远的地方，让任何人都联系不到她。说出这个秘密后，她抬起头，显得很难为情。当我跟她说家长有这个想法不足为奇时，她继续说自己受过产后抑郁症的折磨，但她不曾向任何人提起那段辛酸又漫长的经历。她说那段时间里她本应尽情享受与女儿在一起的天伦之乐的，却鬼使神差地全然没有体会到朋友们描述的"如获至宝"的感觉。一年之后，她的内心不再压抑，但却满是罪恶感。她说她为产生逃离女儿的想法而感到羞愧，所以开始无条件地补偿孩子，纵容她肆意妄为——这也是她和丈夫产生分歧的原因。然后她又因娇惯纵容孩子而懊悔不已。

——达琳医生

尽善尽美有压力

哇！孩子呱呱坠地，家长的重重压力也迎面袭来。也许这是你生平第一次感到自己需要谨小慎微地迈出每一步。此时此刻，你生怕一招不慎，满盘皆输。从得知自己即将为人父母的那一刻起，听取朋友、家人甚至超市里的陌生人的各种意见和建议就成了你的必修课。我们把这称为落入压力陷阱的开始。你觉得他们知道的肯定比你多，对吧？在你看来忽视任何一条建议，就是没有尽到家长的全部责任。尽心尽力地做个称职的家长对你来说迫在眉睫。

很多家长都会在某一时刻产生上述想法——你开始从不同的角度看待周围的事物，不仅更加留意在餐厅、超市或社会活动中遇到的每一个家庭，还会更加关注广告媒体对新家长的狂轰滥炸，脑子里塞满了很多冷不丁遇到的人的见闻、故事和建议。也许你只是去参加一个朋友的生日宴会，但其他人一旦知道（或看出）你即将为人父母，就会给出各种建议，从新生儿的护理到青少年叛逆期的应对："你现在就应该去幼儿园为宝贝报名了，不然，她就上不了培养学前阅读能力的幼儿园了。"然后就是滔滔不绝的长篇说教。刚一怀孕，你就能接触到成千上万本介绍孕期饮食、适合读给胎儿听的以及缓解压力的书，它们教你为胎儿的健康发育创造温馨氛围，为成长中的胎儿制造爱的音乐……可如此纷繁芜杂的类目，谁又能招架得住呢？

但其他人看起来都心中有数、镇定自若。正因为如此，很多新家长宁可辗转反侧、难以入睡，任凭被无尽的挫败感和无助感吞噬，也不愿和别人交流自己的忧虑和失误。他们担心别的父母知道这些后会小看自己。更糟糕的是，这等于是在宣告自己是不称职的。家长只能把接触到的资料和媒体传播的内容作为育儿参考。不幸的是，尽管那些信息源也能提供有用信息，但往往会漏掉重要的部分——忘记指明"犯错在所难免，没什么大碍"或"如果哪一天你由于工作很忙、在外度假或感到有点累，没能落实此书的建议，不必惊慌，隔天再开始也无妨"。这才是真实的生活。犯错在所难免，没什么大不了。

只有承认家庭教育绝非易事，才能毫无保留地向别人倾诉抚养孩子的挫败与辛酸。如果家长能幸运地找到同道中人，并常常毫无顾忌地互相倾诉彼此的焦虑，那么他们对零瑕疵的追求就会减弱。一个陌生家长的坦诚让我备感舒心。有一次我刚把孩子送进幼儿园，就有一个妈妈笑着和我打招呼，还说了句："别离我太近。今天早上手忙脚乱的连牙都忘了刷。"原来，别的家长也会因为忙前忙后顾不上做该做的事情，顿时我松了一口气。她现在成了我最好的朋友之一。

——达琳医生

要知道其他父母也会焦头烂额。找一个可以倾诉的对象，你会发现大部分家长并不比你强多少。坦诚地说出你内心的忧虑，同时聆听他们的烦恼，会让你逐渐认识到犯错是一种常态，而非罪过。我个人认为，如果能用幽默的方式谈论育儿过程中的错误和小意外，效果会更好。

家长对完美的渴求会影响孩子

对万无一失的追求不仅给家长带来了恐慌和罪恶感，还会影响孩子。作为临床心理学家，我们不止一次地看到家长的完美情结给孩子造成了负面影响。孩子最初对犯错的焦虑来源于父母的日常谈话，这并不稀奇，因为孩子对大人的谈话很好奇，父母聊家常时也听得比较仔细。比如，6 岁的塞缪尔听到妈妈谈论他在足球赛中的表现，或是 8 岁的埃玛听到父母谈论她姐姐和老师相处的问题，父母的忧虑和抱怨不绝于耳。孩子可能会听到父母随口评价自己为孩子做出的选择——"我应该让艾伦 4 岁就去打棒球。现在他都 6 岁了，和别人比差太远"或"我要给学校写信要求把约翰尼调到布朗太太的班，因为琼斯太太没有什么带 2 年级学生的经验，我不希望他上 3 年级时跟不上"。孩子们听到这些信息后会将它们内化（Internalize），但他们的认知发展水平远达不到处理这些信息的程度。他们听到父母对自己的"错误"决策懊悔不已，只因它们产生了不良影响。他们听到"一步错，步步错"——"约翰尼如果不能跟着布朗太太学，上了 3 年级就会很吃力"，而"艾伦因为没有从 4 岁开始学棒球，所以永远不可能成为优秀球员"。这使得孩子们不愿意专注做事或做出决定。要是选择错了怎么办？要是他们想要改变主意呢？这就是想将孩子"全副武装"起来的家长传达出的信息：不能犯错。在这样的压力下，孩子的优柔寡断也就不足为奇了。家长可能会把这种优柔寡断视作消极懒散，但事实上，它可能是一种恐惧——对懊悔的恐惧。

一个 8 岁男孩的妈妈告诉我，她对自己的孩子已经黔驴技穷了。因为她的儿子说想参加体育比赛，却在报名时改变了主意。赛季开始时，他又后悔没报名。另一个家长说女儿总是在选择课外活动时拿不定主意。她说想参加学校话剧团，但报名那天却犹豫了，结果没有报名。几天后，她又十分懊悔。她还想进入学校乐团。所有学生都需要在规定时间内向乐团指挥试演，可她怀疑自己的能力，所以还是没有去。不久后，她又感到悔恨交加。至今她都对自己的临阵退缩懊恼不已。说到要长期参加某项活动，两名学生都畏首畏尾。关于什么才是"正确"的选择，他们都拿不定主意，因而不敢贸然尝试新事物，也就常常追悔不已。这些是前来咨询的孩子和家长频繁提到的情况。

——达琳医生

听到家长对他们自己的选择和决定表示担忧或提出质疑时，孩子们会把这种焦虑内化，他们独立做决定的能力也就受到了影响。

将一些事情保密吧！

成人在讨论重大决定时，应尽量避开孩子。一个孩子不需要听到父母关于老师、教练、朋友以及其他人的负面意见，也不需要听到对所有可能性的预测分析。当孩子们听到这些话时，他们会认为在背后说三道四没什么不妥，也会对自己身上可能存在的问题感到不安。

改正错误、做出决定并建立自信

建立孩子自信的第一步是允许他们犯错。如果你问大多数家长或教育家，他们都会回答："当然，犯错没什么大不了，每个人都会犯错。"孩子们听到这个信息本应乐开花的，但我们知道孩子们并非总会记住或相信成人的话。另一方面，只有当大人言行一致时，孩子才能把它们传递出的信息谨记在心。孩子需要看到成人犯错，并明白犯了错也没什么大不了的。仅通过观察和吸取成人的经验教训，他们就能够受益匪浅。否则，孩子要么苛求完美，要么妄自菲薄。

> 我们都会犯错，家长不仅应该向孩子承认自己的错误，还要让他们知道我们认为人无完人，可以接受其他人的错误。这是通过我们的言行传达的。用诙谐幽默的口吻承认错误往往效果显著。比如，在家里我是出了名的笨手笨脚。事实上，我的两个儿子无论是被绊倒还是弄掉东西，都会说："妈妈，那可是你的基因。"我们一笑了之，因为这个分析可能是合理的，而且我们是在愉悦轻松的氛围中提及个人缺点的。人非圣贤，孰能无过。但全家人都公认我做事有条理、数学好而且是个值得交的朋友。弱点不会决定我们的价值，它们只是我们身上很小的一部分。
>
> ——达琳医生

跟孩子说犯错没关系也是毫无意义的，除非让孩子自行改正。让孩子学会解决问题、应对意外情况极其重要，而要实现这一点，唯一的方法是让周围的大人放手。让家长静坐一旁、冷眼观看自己的孩子苦苦摸索的确很难。家长也常常会因为失去耐心而按捺不住亲自出马的冲动。有时，即使孩子已经迈出了只身应对的第一步，家长也还是想参与进来，贡献出自己的经验，避免孩子做出错误决定。但这些建议往往是高级的、成人的解决方式，未必适合孩子的年龄或发展阶段。

作为父母，我们总想让孩子得到最好的，但让他们以孩子的方式去解决问题岂不更好？如果他们的说话腔调和思维方式过于成熟老练，就可能失去固有的童真，至少也会显得老气横秋。一起来看看下面这个例子，这和我们在治疗过程中的常见情况很相似：

> 10岁的吉米垂头丧气地回到家，因为休息时朋友们没有把橄榄球扔给他。吉米的妈妈让他直截了当地跟朋友们说，这会令他"伤心难过"，并请求下次多扔给他几次。当孩子伤心难过时，有多少家长会让他们直接告诉朋友？作为临床心理学家，我们可以断定这样的说话方式与一个10岁孩子所处的发展阶段不吻合，他们的朋友往往也不吃这套。吉米的妈妈应该问问他能为改变现状做点什么，他打算怎么说，他的某个朋友又会如何做，等等。

在前两章中，我们强调了给予孩子独立解决问题的机会的重要性。但你也要记得，孩子在独自面对问题时，常常会词不达意、缺乏信心或效率低下。家长往往看在眼里，急在心里，而这其实是孩子成长过程中不可或缺的一步。正如在学好基础数学之前，你不可能去学微积分（即便想学好基础数学，也需要进行大量练习），孩子也一样，必须先打好基础，才能练习解决问题的能力，比如改正错误和消除自己造成的不良后果。

孩子们在孤身寻找改正错误的方法时，常常需要外界的援助和支持。你应该鼓励孩子在百思不得其解后寻求援助，而非直接索要答案。求助是用心解决问题的体现，应该大力推崇。对任何年龄段的人来说，能够适时寻求帮助都是一种优良品质，它体现了一个人成熟稳重、慎于思、敏于行。

寻求帮助与期待答案是有区别的。所以当孩子来找你帮忙时，你应该义不容辞地帮他分析各种可能的方案，或是鼓励他转换思路。孩子琢磨问题时的自言自语值得家长聆听。当他的思考过程以这种方式呈现时，家长应该尽量参与。

> 一位母亲告诉我她会去"庆祝"犯错。她说在孩子们做错事情后，她会问他们从中学到了什么。孩子如果能引以为鉴，换一种合理的应对方式，就可以吃冰激凌来庆祝。
>
> ——达琳医生

做一个忠实的听众

当你的孩子找你解决问题时，你要留心，不要落入给出现成答案的陷阱。想要抚慰孩子受伤的心灵、为他们排忧解难的想法情有可原，但这样做治标不治本。你的第一反应应该是仔细聆听。作为治疗师，我们常常听到孩子抱怨说，他们之所以不想向父母倾诉自己的烦心事，是因为父

母"不理解"也"不爱听"。当你的孩子满面愁容地来找你时,首先就要洗耳恭听。做一个忠实听众的要点是:

· 不要着急说话,要用目光表达你的关切。没听明白的问题稍后再问。
· 保持耐心,不要催促孩子说。
· 对他的话表现出兴趣,比如可以时不时点点头表示你在很认真地听。放下电话,排除一切干扰。
· 注意他正在说的和没有说出口的话,同时留意他的肢体语言。孩子说话语速是慢是快,手臂有没有抱在胸前,是否吞吞吐吐、欲言又止?
· 搞清疑惑不解的地方。

当孩子说完时,表示理解。比如,说:"谢谢你能说给我听。看来最近确实状况不断。如果需要我帮忙,尽管放心说。"

寸步不离的家长影响孩子的决策能力

我在健身房遇到一位朋友,聊了聊我们年龄相仿的儿子。她说:"他想从这里自己骑车(大约4个街区)去健身馆上游泳课,我不同意。"当我问她原因时,她说她也不知道,只是担心会发生"一些事"。我问是什么事，她也说不出什么具体的事。这是一个家长限制孩子的典型例子，仅仅因为她无法预测和掌控所有的事情。

——达琳医生

无微不至地关怀着孩子的父母告诉我们，一直以来，他们不放心让孩子独自出门办事。在他们眼中，这是一个危机重重的世界，随时会有不幸发生，但如果不允许孩子走出我们的视线，他们又怎么能学着自己做决定呢？这种现象被称为"寸步不离"或"直升机式教育"，意思是对孩子采取了过多的不必要控制或过分保护。一些家长甚至还为孩子扫清一切障碍，确保他们不必为突发情况或棘手的问题犯难。这些家长有时被称为"扫雪机式家长"。家长的过度干涉阻碍了孩子锻炼解决问题的能力。

和过去的几代人相比，现在上学、放学自己走路的孩子大幅度减少了。孩子们自己骑车去附近市场买零食也不再那么常见。孩子在公园成群玩耍，身边没有大人看管的情况也是极其罕见。根据美国安全上学路线中心的统计数据，1969年时，近50%的孩子走路或骑车上学，而如今这一数字下滑到13%左右。现在的家长可能会把这归咎于交通、天气隐患和社会治安问题。家长当然应该留意周围环境的安全情况，但也应该知道，没有这些经历，孩子就会与发展的机会失之交臂。

蹒跚学步时期，孩子主要从生活中学习。他们能从自己行为的结果中吸取经验，无论好与坏。他们知道如果不吃晚饭，就得不到甜食；如果抢别人的玩具，就会被罚去墙角站着；如果与同伴合作，就能交到朋友……这些都是儿童早期经历中不可或缺的一部分。

随着年龄增长，类似的学习机会与日俱增——但今天的孩子却得不到这些机会。想想如果没有家长的陪同，他们每天在上学放学的路上会遇到多少需要解决的问题。有个家长想让孩子学会承担责任，就让他放学独自走回家，但必须在规定时间内进家门。否则，他独自回家的权利将被剥夺一个月。回家途中，他看到几个朋友在你追我赶地玩捉人游戏，很想加入。他此刻获得了一个通过权衡做出决定的机会。是继续往家走（因为晚回家意味着一个月之内不能再自己走回家）？还是停下来玩几分钟，然后按照之前的速度走回家，迟一点到家？抑或是停下来玩一会儿然后跑步回家，这样就不会超过规定的时间了？这不仅是一个孩子通过权衡做出决定的好机会，也是一个品尝犯错苦果的机会。他如果因为选择停留而丧失了一个月独自回家的特权，就会用这个结果去判断自己的决定是否明智，将来再做决定时就会引以为鉴。无论是自己回家，或是在没有大人参与的情况下组织娱乐活动，还是自动自觉地完成任务，对现在的孩子来说，这样的机会都太少了。当家长事无巨细地为孩子奔波劳碌时，孩子就失去了体验这些宝贵经历的机会。

从孩子所处的发展阶段来看，小学生已经具备承担责任的能力，能够对自己的行为带来的积极影响和消极后果进行分析总结。从小学开始，孩子企盼更多自主权，这没什么不妥，因为随着他们的负担越来越重，大脑已经跃跃欲试，准备练习决策了。如果家长对这一点认识不足，不为孩子提供锻炼机会，孩子就无从提升能力，成年后也难成大器。

上学前、放学后培养孩子独立的其他方式

如果你不放心让孩子独自走路上学，放学后可以让他在操场上玩10—15分钟再去接他。还有一种方法是让孩子在行人多的地方提前下车，自己穿过几个街区去学校。再有就是让几个孩子约定一个集合地点，碰头后一起走去学校。最好多尝试几种方法。由此产生的麻烦还能教他们制订计划、做出决定和学会忍耐。（想想迟到能让他们学会解决哪些问题！）你不需要每天都这样锻炼孩子。每周一到两次即可。如果你这个月比较忙，下个月再去做也无妨，尽量不要影响家庭生活和日程安排。

每个家庭都有自己的情况，家长需要选择适合自己孩子的安全方案，但也要认识到这一代孩子丧失了很多重要的受教育机会。本书无法改变我们的大环境——毕竟，孩子的人身安全是第一位的。但是，我们不能让孩子就此失去发展的机会，我们应该寻找一些补救措施。如果放学后让孩子自己走回家并不可行，那么我们需要找到其他锻炼自主决定能力的机会。为了树立自信，孩子们可以尝试以下做法：

· 骑自行车去朋友家，到了之后打电话报平安。

· 拿钱去餐厅点餐并付款。

· 徒步旅行或散步时，走在家长前面。

· 准备自己的饭菜和零食。

· 独自遛狗。

· 安排自己的娱乐时间或与朋友的活动。

· 自己打电话安排计划、做作业或问问题。

过度的日程安排会阻碍孩子能力的发展

我们每天在诊所里见到的家长都是对孩子呵护备至、任劳任怨、体贴入微的。他们想让孩子远离一切痛苦，并想尽一切办法让孩子开心，这都是值得敬佩的。在这方面把握好度是非常难的——家长不宜干涉过多，尤其在孩子的社交生活方面。很多家长也知道有时孩子的任务过于繁重，但他们生怕孩子掉队。正如我们在本章开头讨论的那样，这是压力陷阱的特点之一，迫使家长做到万无一失。家长望子成龙的急切心情加上令人眼花缭乱的培训机构，使他们很难给孩子留点自由时间。

过度安排的常见后果有两种。第一，我们看到青少年和儿童普遍被压得喘不过气，需要时间休息。他们抱怨每天的任务太多，根本没有时间"享清闲"。他们还说只要想着放松一下，家长就会问是不是该做作业、弹奏乐器或进行体育训练了。这使他们心生愧疚或是觉得自己很被动，只能打消休息的念头。

过度安排的第二个后果是很多青少年和儿童习惯了听从家长安排，不懂得自己安排时间。如果哪天有点空闲时间，他们就会不停问父母该做什么，因为自己不知道该如何打发百无聊赖的时光。父母由此责怪孩子无时无刻不让他们操心。

现在，有些孩子不喜欢闲下来。他们喜欢忙忙碌碌的生活、满满当当的日程表。如果一切都是他们自己的安排，就没什么不妥。可要是依赖成人为他们规划时间就有问题了。很多家长没有意识到留给孩子一些自主时间，会让他们收获至关重要、弥足珍贵的经历。当家长们规划好一切时，孩子就没必要去再去完成制订计划、解决问题、管理时间、分清主次等事情了。而且，当家长在耳边指挥他们干这干那时，就等于剥夺了他们犯错以及想办法弥补过失的机会，无法让他们从不合理的时间安排中吸取经验教训，也无法学会应对计划中的突发事件，这带来的后果是非常严重的。也许他们想好了要在特定时间做什么，但时常事与愿违，这就需要灵活变通、解决问题和容忍的能力。当孩子们的日程被安排得过满时，他们就失去了这些宝贵的经历。

作为心理学研究者，我们从没见过哪个年轻人因为参加的体育训练不够多、练习的乐曲不够多抑或是掌握的外语数量不够多而备受煎熬。反倒是在突发事件面前无所适从、无法独立解决问题时自信不足、面对意见相左的人时张不开口的情况比较多。他们的父母很纳闷为什么孩子没有足够的责任心和独立性。答案很简单：因为他们从来没学过。

重要的是过程，而不是结果

目前的育儿重点正在发生偏移，问题解决的能力的培养已经淡出人们的视野，取而代之的是终端产品或最终结果。今天的父母们一方面对孩子说犯错并不可怕，另一方面又在竭力保护孩子远离错误。他们常常叮嘱孩子在大胆参与、多多尝试后再做决定。可家长一旦获悉其他孩子正在做某件事情，就开始大谈特谈他们的孩子"应该"参加哪些课外活动以及"应该"如何表现。很多家长本想支持孩子去做喜欢做的事、多尝试新事物的（不管能否学出名堂）。但是，在当今的社会文化背景下，只有实实在在的成果才能吸引人们的眼球。因此，孩子们听到的表扬和赞赏总是属于班里阅读能力最强，GPA 最高，或被名队、名校录取的孩子。

在对有客观评价标准的考核体系做陈述时，比如 GPA、全明星队会员资格、阅读水平等，终端产品或最后结果往往大受吹捧，而对于实现目标的过程，人们却只有寥寥几语或绝口不提，比如，没有对自行纠正错误的赞扬和赏识。关于达到目标所需的决策、解决问题的能力也只字未提。从理论上讲，家长看重的是过程，但他们的言行却总是着围绕最后的结果，这才是他们真正传达给孩子的信息。家长应该清楚，为了某个目标奋斗的过程才是最重要的，因为孩子能从中学到很多技能，对他们将来成长为自信、独立、善于思考的人打下坚实基础。应该让孩子明白，改正他们一路犯下的错误和到达目的地一样重要。

总结

问题

　　家长力求做到万无一失，因而背负着沉重的压力，竭尽全力地给孩子创造各种机会。生怕一丝一毫的懈怠会害了

孩子。

陷阱

从孩子很小的时候开始，家长就背负起力争做到尽善尽美的压力。因此，常常落入陷阱：帮孩子纠正错误、不给他们犯错的机会以及过度安排日程，不让他们有时间犯错。

改变策略

培养自信满满、独立自强和善于思考的孩子是最终目标，当孩子独立面对问题时，这些品质尤为重要。记住，失败是成功之母，放心让孩子去犯错，他们才能更得心应手地面对未来。

1. 把每一次遇到的问题当作练习的好机会。切记，他们解决问题的次数越多，就越不会被困难吓倒。
2. 全面地评价一个人，尽量做到优缺点兼顾。人无完人，对克服困难的过程给予赞美很有必要。
3. 不要把孩子的日程表安排得满满当当。让他们承担起管理自由时间的责任，他们需要试着自己安排空闲时间并分清轻重缓急。
4. 不要忘记对他们的辛苦努力给予肯定，让他们知道经历的过程和完成的目标同样重要。下面有一些例子：

     （1）"你能够被推荐到尖子班，多亏了你之前的不懈努力，我真为你骄傲。"

（2）"你天天坚持练习，对这项竞争激烈的运动一直那么有热情，让我看到了真正的执着追求。"

（3）"我知道这门课对你来说有多难，你确实下了大功夫。"

（4）"你和老师谈论如何提高分数时认真负责的态度让我很感动。"

第 4 章

了解发展阶段

我正在和一个带儿子来进行注意缺陷多动障碍（ADHD）测试的家长谈话。她说儿子做分内事时专注力不够，比如说上学和打扫房间，因而对此忧心忡忡。她在我使用的问卷上写道："我得不时地提醒他该做手头的任务了。明明可以自己做到的事也要让别人帮忙，他没有竭尽全力地发挥出最好的水平。就算最后完成了任务，也是因为有人在督促他。这些都让我感到心神不宁。"末了，她还说了句："我不知道怎样才能让他主动、自觉地学习。"这些似乎都是家长应该担心的问题，但这位女士的儿子最近刚满6周岁，才刚上小学1年级。

　　　　　　　　　　　　　　　　　　　　　　　　——达琳医生

　　作为心理学研究者，我们很高兴与关爱自己孩子的家长合作，也很乐意帮他们实现目标。但当家长要求自己的孩子比同龄人的见解更深刻、洞察力更敏锐、思想更成熟时，我们也不得不提醒他们哪些才是与孩子的年龄相符的能力。刚才提到的这位1年级学生已经能够做很多事情了，但是要求一个年仅6岁的孩子竭尽全力地发挥出最好水平、自动自觉地独立完成任务未免有点太苛刻。我们也希望这是一个特例，可惜并不是。在外界不可阻挡的压力下，家长只顾一心为孩子配备所有有利条件，却忽略了哪些才是某个年龄段该有的行为。

很多家长弄不清楚自己对孩子的要求是否合理或是过高。当他们拿捏不定时，为了安全起见，宁可无视孩子的承受能力，鞭策他们超前发展，也不敢让孩子承担掉队的风险。这是家长轻易落入过快推动孩子的陷阱的原因之一，稍不留神就给得过多、推得太快，导致孩子错过宝贵的人生课程。在前3章中，我们讨论了诱使家长解救孩子的陷阱。这一章主要提供一些简单的参考，旨在帮助家长认清孩子在每一个发展阶段会有哪些特定行为，以便调整对孩子的期望。为了取得良好的效果，我们要从最基本的发展阶段理论说起。

发展阶段理论

发展阶段理论认为孩子的发展是一个存在不同阶段、循序渐进的过程。每一个阶段都有与之匹配的特定技能，无法超前习得。心理学家潜心研究这一理念已长达几十年之久，一些极负盛名和有影响力的理论家也已提出了自己的看法。杰出的人物有：约翰·鲍尔比（John Bowlby）、西格蒙德·弗洛伊德（Sigmund Freud）、亚伯拉罕·马斯洛（Abraham Maslow）、埃里克·埃里克森（Erik Erikson）、玛格丽特·马勒（Margaret Mahler）以及让·皮亚杰等。他们都化费了大量时间和心血，形成了各自独一无二的发展理论。尽管百家之言各有千秋，但都能就发展是有规律可循的这一点达成共识。

作为心理学研究者，我们在发展阶段理论的指引下向孩子和他们的家庭提供心理咨询，因为根据孩子的年龄和发展阶段设定期望值至关重要。我们会综合考虑每一位孩子在社交、情感、认知、教育和生理发展中所处的位置，推荐一些与他的发展水平相吻合的干预措施。有时干预措施会以孩子的"特定"发展阶段为基础，有时则是针对某个或者某些发展过慢的技能。无论在哪种情况下，孩子的接受程度都是我们的出发点。

大多数知名的发展阶段理论不只针对童年期，而是涵盖了个人的一生。在这一章中，我们选择了3个最广为人知的经典理论来说明这一代儿童和青少年的发展问题。

1号理论：孩子的社会心理发展

埃里克·埃里克森的心理发展理论是当前儿童心理学界最广为接受的理论之一。它的核心观点是儿童和青少年在不同发展阶段会经历不同的社交困惑。如果他们能够直面这些挑战，并找出解决之道，就会得到成长，变得成熟。和其他理论一样，关键是孩子必须亲身经历这些挑战。比如说，第一次与保姆相处或是第一天上学不知道该和谁一起吃午饭。这两种让他们忐忑不安的经历可能产生两种结果——要么他们的表现有待进步，要么他们自我感觉良好。孩子们不需要立刻掌握解决困难的要领，他们会年复一年、日复一日地锤炼这种技能。孩子们尝试，然后搞砸，下次就会换种新方法。他们今后对自己的接纳程度以及待人接物的水平都基于在每个阶段面对和战胜挑战的能力。孩子如果为从困难中吸取到经验教训而感到愉悦，那么在过渡到下个阶段时就会自信满满。相反，孩子如果没能克服困难，就会处于不利地位——要么缺乏自信，要么对自己在社会交往中扮演的角色产生误解。从生理的角度来看，所有孩子都会成长，但从社交和情感方面来看，他们和同龄人所处的阶段可能大不相同。

以下是对埃里克森的心理阶段的简要概括。从中你可以看出大多数孩子都能经历平稳而自然的发展过程。

1. **婴儿期**：埃里克森的第 1 个阶段是婴儿期，一般出现在 0—1.5 岁。这一阶段的基本冲突被称为信任与不信任的对立。这一基础阶段的主题是日常需要，婴儿完全依赖于自己的看护人（在饮食起居和情感方面）。如果看护人值得依赖，婴儿就能成功地建立起信任感。反之，如果看护人喜怒无常或者无法满足孩子的情感需要，就会在婴儿心中埋下猜疑的种子。如果一个孩子能够顺利度过这个阶段，他以后信任别人的可能性就大。

2. **幼儿期**：埃里克森的第 2 个阶段是幼儿期，一般出现在 1.5—3 岁。这一阶段的基本冲突是自主与羞耻或怀疑的对立。孩子们此时追求的是独立意识的发展以及对周围环境和自己身体的掌控。比如，这时的一个典型发展内容是如厕训练，体现出孩子对于身体的控制和独立意识。你每天都可以看到他们在为独立而战——比如孩子决定不吃某种食物，或是拒绝睡觉。另一个例子是孩子想要自己爬楼梯，不愿让大人抱或是自己坐进他在车上的专属安全座椅。孩子如果没有开始自主做这些事情抑或受到外界的阻碍，就会对自己独立、自理的能力产生一种羞耻感和怀疑感。我们都知道，让一个连路都走不稳的孩子自己动手去做每一件事有时候不太现实，所以很多事情由家长代劳也在所难免，这样做不会对孩子在这个阶段的发展产生不良影响。只有当父母大包大揽，无法做到放手让孩子去发展自主意识时，才可能阻碍孩子的正常发展。

3. **学前期**：埃里克森的第 3 个阶段一般出现在 3—6 岁。这一阶段的基本冲突是主动与内疚的对立。此时是独立和探索精神的发展期，他们开始通过操控周围的事物实现对环境的掌控。这种发展机会在他们玩耍的过程中涌现出来。是自己提议玩些什么还是听从其他孩子的指令？孩子会与别人分享自己的玩具还是抱着它们离开，免得让别人碰？他们变得更有主见，开始自己安排活动，不像以前那样被动地听从安排。如果成功夺取了主动权，孩子会有一种高高在上的感觉并且自信满满，但也常常会因行使过多或过少的权力而遭到反对，因而产生罪恶感。很多孩子不明白为什么别人会百般阻挠他们获得主动权，只知道如果无法达成心愿，他们会感到不开心或内疚。多加练习，孩子就能够学会轻而易举地掌握主动权。

正如我们在第 3 章中探讨过的，这一代孩子的问题是父母过分参与了孩子们之间的游戏。家长总会指导孩子，教他们解决问题，甚至在一些时候替孩子发声。这种过度参与（或者说"寸步不离"）妨碍了孩子培养自行面对挑战并从中吸取经验教训的能力。如果孩子们没有大展拳脚的机会，就不能顺利地度过这个阶段，日后会缺乏主动尝试新事物的信心。

4. **学龄期**：埃里克森的第 4 个阶段出现在 6—12 岁。这一阶段的基本冲突是勤奋与自卑的对立，而且这一时期发展的重要挑战和机遇都围绕着学校展开。孩子们不仅要面对新的课业压力，与其他孩子的交往也更为频繁，无论是在有组织还是无组织的情况下，孩子都面临着更高的社交要求。就是在刚上学的前几年里，孩子们学会了在班里（有组织）和操场上（无组织）交朋友并与朋友相处。成功能够让孩子获得使命感和荣誉感，然而失败却滋生出自卑感。朋友多的孩子即使到了新的环境、被陌生人包围，也会比较轻松自如，也许因为过去的经历，他们对自己的交友能力深信不疑。然而不具备这种能力的孩子则会拘谨不安。像成年人一样，孩子陷入社交冲突是常见的，这样他们才能领略人际交往中的风云变幻。孩子在这个发展阶段中虽然屡战屡败，却能够迈步向前，逐渐磨炼社交技能。如果被禁止犯错，他们就失去了锻炼的机会。社交冲突是家长最不忍心看到孩子经历的痛苦之一，这就是为什么家长会不由自主地挺身而出，解救孩子。

5. **青春期**：埃里克森认为，这个阶段出现在12—18岁，但是基于大脑的实际发展水平，目前学界的看法是这一阶段要延长至20岁出头。青少年的基本冲突是自我认知与角色混乱的对立，主要与同伴关系和自我意识有关。他们也许会尝试自认为有趣或好玩的服饰或行为。这个年龄段的青少年往往会形成自己独特的审美观、音乐喜好以及世界观，很在意别人对他们的自我呈现方式的看法，并会据此做出回应。你可以回想一下，在经历这个阶段时，自己曾尝试过多少不同的"自我"。有时你很清楚自己是谁，有时却又混乱不清。因为年轻人的目标是按自己的方式构建自我，而这往往会与家长的意愿有所偏离。但是请放心，创造一个背离家长期望的自我也并非坏事。拥有健康自我意识的青少年对自己有清晰的定位，而其他孩子常常会混淆自己的角色并且削弱自我意识。

大部分人都能回想起我们在整个成年期是如何给自己定位的以及我们的世界观发生着怎样的改变。一个十几岁或刚满20岁的青少年在这个阶段没有必要清楚地知道自己是谁，重要的是形成一些核心价值观和信念，这才是真正帮助年轻人充满自信地挥别青春期的灵丹妙药。

教育孩子时要考虑社会心理发展阶段

一对夫妇忧心忡忡地前来咨询，因为儿子告诉他们学校里的很多朋友都说脏话。家长要求孩子在上学时远离这些人，在放学后也不要和这些孩子们一起玩。我和他们说了两点。第一，孩子们在这个阶段普遍会去体验说脏话。第二，应该为孩子能够告诉他们感到庆幸，只有这样，家长才能帮助他们从容地度过这段前所未有的经历。既不必躲躲闪闪，也无须孤军奋战。他们可以和儿子探讨为什么有些孩子会说脏话，为什么成年人不希望他们说脏话，并问问孩子接下来打算怎么做。孩子如果决定要说脏话而且被大人听到了，那么就必须承担相应的后果。和家长交流后，想必他也对后果了然于心。这是一次绝佳的学习体验。逃避一切被家长视为"不适合"的事情只能是徒劳，而且孩子也将一无所获。

——达琳医生

再强调一遍，孩子需要在每个阶段迎接不同的挑战，这样才有利于孩子的心理健康发展——尽管家长可能无法忍受眼看着孩子为社交问题焦头烂额。家长必须抵御解救、催促、过度干预自己孩子的诱惑，更不能大包大揽。

家长可以协助社会心理发展

埃里克森认为，孩子需要解决一系列的社交难题才能充满信心，构建自我。

· **婴儿期**：婴儿的难题是与自己的看护人建立情感纽带。在这一阶段，家长应该爱意浓浓、关怀备至、随叫随到。家长和孩子之间深厚的情感纽带能为孩子将来的人际关系奠定良好基础。

· **学前期**：在这一阶段，与家长的分离焦虑会让孩子感到困惑。家长应该鼓励孩子适当离开自己，并且在回来时让他们感到家长为此而自豪。愉快的经历能增强孩子的自信。

· **学龄期**：这一阶段的挑战是在相对松散的环境下交朋友。家长应该放心让孩子去玩，比如在学校的操场上，那里比较安全，不需要时时刻刻监控孩子。关爱孩子的父母永远不会离得太远。如果孩子深陷社交泥潭（比如其他孩子在游戏中耍诈或者孤立你的孩子），尽量不要亲自出面或向校方汇报——除非涉及人身安全问题。在家和孩子谈谈他的问题，并琢磨出一个对策，尽可能让他在第二天去学校实施前先和朋友或兄弟姐妹演练一番。

· **青春期**：这个阶段的任务是让孩子开始思考自己究竟是谁。家长应该做好心理准备，孩子可能会尝试夸张的发型、奇异的服饰，并且冒出些稀奇古怪的想法。了解这个过程的家长会尊重孩子的特立独行和个人决定，不会对孩子的表达方式横加干涉。家长不必对孩子的一些叛逆行为大惊小怪，只要在一些关乎人身安全的重要事件（比如吸毒或不顾后果的行为）方面保持头脑清醒即可。

2号理论：孩子的认知发展

一个5岁男孩的妈妈告诉我，每次孩子犯了错都不愿意道歉，她为此感到很担忧。我能够告诉她的是，这个年龄段的孩子普遍抗拒道歉。大多数5岁的孩子很难考虑他人的感受。因此，当别人要求他说对不起时，他们只知道"对不起"的作用是承认自己做错事，除了让自己感到羞耻和不安之外，别无他用。道歉更重要的作用其实是缓解受害者内心的悲痛，但孩子此时还不具备了解这一点的能力。

——达琳医生

另外一个广为流传的认知发展理论是让·皮亚杰提出的。皮亚杰的阶段理论的中心思想是孩子的思维方式会随着年龄的增长而发展。皮亚杰提出孩子的认知发展会经历4个阶段。他把孩子比作探索周围世界的小小科学家。

和埃里克森一样，皮亚杰也认为孩子会通过亲身经历建构起对自身和世界的认知，但他更强调在发展过程中孩子的思维方式的变化。皮亚杰提出，在没有家长或其他成人干扰的情况下，孩子主要靠自己内在的驱动力来学习。他还发现儿童具有强大的内驱力，不需要成人的奖励来提高学习劲头。以下是皮亚杰提出的 4 个阶段：

1. **感知运动阶段**：第 1 个阶段是从出生后到 2 岁之间。在这个阶段，孩子的感知来源于自身的运动。一个重要的发展是这一阶段的孩子会逐渐明白他们和周围的人、物是独立存在的，比如，孩子知道了即使某些物体从他们视野中消失了，也还是存在的。孩子们也懂得了他们可以改变周围环境。比如，一个 6 个月大的孩子想要某个玩具，可能会采用"一滚二爬三哭闹"的手段来获得。一旦得逞，他就会更加自信地故技重施。

2. **前运算**[①] **阶段**：这一阶段大概从 2 岁开始，持续到 7 岁。儿童开始积极地用语言沟通，你可以看到大人开始要求孩子"张口说"。这是因为孩子已经对说话跃跃欲试了。这不仅体现在他们的单词量有所增加，他们还表达出了高级复杂的想法和情感。他们还开始学习数数和归类。这个阶段孩子的思维活动只能围绕着直观的物体展开——他们并不能理解抽象概念。思维方式以自我为中心，也就是说他们认为每个人认识事物的立场都和自己一样。但他们逐渐开始区分过去与未

---

① 运算指一种内化了的可逆的动作，即在头脑中进行的可以朝相反方向运转的思维活动，或者说运算是指内化了的观念上的操作。——译者注

来了。

　　这个阶段对父母来说比较棘手。因为孩子虽然开始将自己的行为与结果建立联系，但还是做不到从父母或其他人的角度看问题。所以当家长协助孩子解决问题时，也应该帮助他们了解他人的立场。在后文中，我们会提出关于具体做法的建议。

3. **具体运算阶段**：第 3 个阶段从 7 岁开始，持续到 11 岁左右。这个阶段的孩子开始从他人的角度看问题，并开始关注发生在自己的生活圈子以外的事情。他们的逻辑推理能力有所提升，能更好地驾驭诸如提出假设的思维活动，因此，也不再像之前那么以自我为中心。因此，解决问题时他们尽管还需要一些具体事物的支持，但已经变得更具理性了。如果此时获得锻炼独立性和自行解决问题的能力的机会，处在这个年龄段的孩子就会产生如鱼得水的感觉。

4. **形式运算阶段**：皮亚杰理论的最后一个阶段开始于 11 或 12 周岁，主要体现为逻辑推理能力和抽象思维能力的提升。这个年龄段的孩子已经开始运用数学和科学概念验证假设命题了，还能够使用更复杂的问题解决策略，比如计划安排、区分主次以及考虑行为相对应的结果等。这有助于他们对行为结果进行合理预判。在这一时期，孩子的思维方式呈跨越式向前发展，因而称得上是把握机会大胆尝试、犯下错误以及学习改正错误的绝佳时机。

家长进行教育时应考虑认知发展阶段

曾经有一对父母希望我对他们 6 岁的女儿做阅读能力评估。父母解释说："与她学校里的朋友不同，她被划分到了阅读水平较低的组里，好像已经远远落在同学后面了。"测试结果显示这个女孩的阅读能力正常，不存在问题。我对她的父母说，或许在她的班级里有一些阅读能力比较突出的孩子，但她是以自己特有的节奏在发展这些早期的阅读技能。我让她的父母年底时再联系我一次，告诉我情况是否有所好转。几个月后，我得到的反馈是："我觉得她好像开窍了，她现在做得很棒。"

——罗恩医生

皮亚杰认为，孩子认知能力发展的每个阶段都会持续好几年，也就是说孩子发展某个技能的"特定"时间跨度可能很大。除此以外，孩子们是在循序渐进地获取这些技能，而非一蹴而就的，也就是说他们的发展往往看起来并不均衡，这也常常令家长迷惑不解。当一个孩子时而明智，时而糊涂时，家长会以为他做事粗心大意，而事实上这只是因为新的技能还没有发展成熟，还无法稳定地发挥作用。

正如我们在第 1 章中看到的，这一代孩子的家长一心扑在孩子身上，所以无法挣脱过早、过快地推动孩子前进的压力。一个具体的例子是家长非常注重孩子的早期阅读能力。早点用书籍来滋养孩子，让孩子接触阅读和字母没有错，但不应该操之过急。一直以来，老师们向我们反馈：家长只要看到自己孩子的阅读能力发展较慢，就会变得焦虑不安。他们提醒家长，有些孩子只是比别人早一点开始阅读而已，这种差距到了 2 年级会逐渐缩小的。老师们还向家长强调只有在适当的发展阶段给予孩子恰当的支持，阅读理解能力才能得到加强。如果不考虑发展阶段，过早地催促孩子，只能让他们感到力不从心。第 2 章讲了焦虑的父母还常常会挺身而出、包办代劳，因为帮孩子完成这些任务易如反掌。如今的父母们怀着"为孩子好"的想法，却在给孩子挡风遮雨时，剥夺了他们经受风雨洗礼而茁壮成长的机会。认知发展理论的核心是从自身的经验和经历中学习。在整个童年期，我们会获得无数次有利于发展的重大机会。诚然，很多孩子在刚刚面临这些挑战时会惆怅、犯难，但通过不断磨炼，他们不知不觉便练就了本领、获得了进步。了解一些认知发展阶段的知识，家长就能认识到孩子每次与新的理念交锋时，必然会痛苦挣扎一番。在此过程当中，家长助孩子一臂之力固然重要，但万万不可代他学习。切记：耐着性子，静观其变！

家长可以协助孩子的认知发展

· 对于 2 岁以下的孩子，父母应该支持他们探索自己周围的环境。这个年龄段的孩子主要通过摸、尝、闻去了解他们能够碰触到的一切东西。家长应该留意孩子身边的安全隐患，比如会将孩子卡住的清洁工具、会被孩子触摸的插线板，或者其他存在危险的地方，之后再欣慰地看着孩子自己去探索周围的世界。

· 学龄前和小学低年级的孩子的主要任务是提高语言能力以及尝试用具体的方式组织他们的世界。父母应该形成符合孩子年龄的预期，比如理解这个年龄段的孩子可能在解决复杂的问题时存在一定的局限性。所以家长应该趁热打铁，帮助孩子学会用掌握的新用法表达自己对某些事物的想法和感受。这可能需要父母进行引导。虽然他们不能替孩子说，但直接教孩子说不失为一种好方法。

· 从小学高年级到中学阶段，孩子们开始形成更为高级的问题解决能力，家长则应该让他们多承担一些额外的责任。这是让孩子放开手脚做事并让他们直面结果的年龄段，因为事情的后果一般不会太严重，所以这几年便是不可多得的"练习岁月"。他们能够进行批判式思维，所以这一技能的使用应该受到鼓励。刻意问一些能引起"思考"的问题，并饶有兴趣地讨论他们的答案，无论它们有多夸张离奇。问题可以涵盖各个方面：从一块石头是如何上到山顶的到他和朋友们喜欢的音乐。不要批判他们的想法，这样会挫伤他们与你分享的积极性。

· 青少年能够吸收很多信息，并利用当中最重要的一部分进行决策。同时，他们看到自己的行为和举止会影响其他人。因此，家长渴望看到他们施展各项才能的愿望不会轻易落空。他们此时具有了全球化视野，家长会很乐意倾听他们对时事新闻的独到见解，但需要抱着开放的态度，摒除主观偏见。让孩子保持高涨的谈话兴致的关键是做一个忠实的听众。因此，聆听孩子说话能帮助他们顺利度过这一阶段，使认知水平再上一个台阶。

3号理论：儿童道德发展理论

劳伦斯·科尔伯格（Lawrence Kohlberg）对于发展阶段理论最突出的贡献体现在道德发展方面。与埃里克森和皮亚杰不同，科尔伯格基本不强调人的具体年龄，只关注他们的需求和动机。他的著名实验围绕着人们对道德两难问题给出的各种答案展开。过程大致如下，他会用情境故事设置道德冲突，再提出道德问题，看人们如何回答。比如，他会设置这样的问题：如果全家人都身无分文，在明知偷窃行为触犯法律、违反道德伦理的前提下，你会不会去偷取食物给全家人充饥？根据收集到的上百份涵盖各个年龄段的访谈记录，科尔伯格将道德发展模式划分成3个水平和6个阶段。他的关注点是人们解决两难问题的方式，而非具体答案。当你看到这些阶段时，注意它们与埃里克森、皮亚杰提出的理论有哪些共同之处。你会看到一个孩子的心理和认知水平只有发展到一定阶段，才能处理每个阶段的道德两难问题。

第一个水平：前习俗水平

第1阶段

这一阶段为顺从与惩罚阶段，主要出现在幼儿园和小学中低年级孩子身上。在这一阶段孩子判断的依据主要是自己的需求，还没有办法考虑到他人的需求和感受，对于规则的遵守也是迫于权威人士（家长和老师）的压力。在孩子的眼中，受到惩罚的行为属于不良行为。

第2阶段

这一阶段的孩子往往比较功利，他们开始认识到别人和他们一样，也有自己的需求。而且，孩子还认识到可以用别人想要的东西换取自己想要的东西。孩子仍然会用行为结果来判断是非，但他们开始考虑如何说服别人帮他们满足心愿了。用"礼尚往来、互助互惠"来描述这一阶段的行为再恰当不过。

第二个水平：习俗水平

第3阶段

追求一致是这一阶段的特点，主要体现在青少年（包括初中生和高中生）身上。处在这一阶段的人会考量整个社会的价值取向和期许，并参照他人的行为判断自己的行为是否符合道德标准。即使没有奖惩措施，他们也会遵从社会制度和准则。青少年注重保持关系，赢得信任和提高对朋友的忠诚度。

第4阶段

这个阶段的孩子开始产生是非观念。此时，人们的决策制定上升到道德层面，超出了赢得别人赞美的阶段，更注重综合考虑行为本身。高中生和青年人往往能够达到这一阶段，对很多人来说，这是他们一生中能够达到的最高水平。由于认识到了自身在维持社会秩序中的作用，他们深谙遵纪守法的重要性。即使对现行法律颇有微词，也明白触犯法律是不道义的行为。在他们眼中，规章制度不可撼动，所以常常缺乏灵活性。

第三个水平：后习俗水平

第5阶段

这一阶段被称为社会契约阶段，人们开始懂得每个人都有自己的看法和价值观。这个水平的道德判断在上大学之前极为罕见。法律被认为是有效的社会契约，但并不是一成不变的。它们代表着社会秩序，但不是绝对的道德原则——人们可以依据社会变化做出相应的调整。第4和第5阶段是大多数人能够到达的最高道德水平。

第6阶段

这一阶段是理想或是普遍道德原则阶段，没有几个人能达到。它也被常常称为"假设"阶段，因为人们根据良心和意愿做出判断后，终究会为了一个更宏伟的目标，推翻自己固守的道德准则。在这一阶段，法律规定已经不再重要，因为每个人在任何时候都会做出正确的选择，但前提条件是人们必须到达这个阶段。由于很多人并没有到达这一道德水平，在当今社会过分依赖这种复杂的道德判断会招致危险。

家长进行教育时应考虑道德发展阶段

家长：施托尔伯格医生，请帮帮我吧。我8岁的儿子在家的时候规规矩矩的，也算很乐于助人、善解人意。可他去朋友家玩时，却会做出一些让我很抓狂的事情。我确定他自己心里明白那些事不该做，因为在我们家玩时，他和那个男孩是绝不会做出同样的事的。为什么离开了家他简直像变了一个人呢？

罗恩医生：这很可能是因为他还不够成熟，不会依据"正确"的价值取向做出"正确"的选择。他更可能是在见机行事，根据每个家庭不同的家规，调整自己的行动。在规矩森严、赏罚分明的家庭里，他害怕惩罚，总会按照父母的意愿去做。但到了朋友家，他就不清楚哪些可以做哪些不能做了，所以只能效仿朋友的做法。事实上，他也是一头雾水，纳闷为什么有些事在朋友家就行得通，到自己家就得接受惩罚。

道德判断的发展对年龄的依赖较小，它体现着人们看待世界、满足自身需求的方式。作为父母，我们都满心希望孩子的正确行为发自他们内心对正义的向往，而不是对于惹祸上身的恐惧。尽管家长没听过这些理论，但在给孩子制定规矩时，却总是在不知不觉中考量孩子的道德判断水平。有时我们相信他们能够自己走路或骑车去上学、在家长不进行检查的情况下自觉完成作业，甚至允许他们周末和朋友在外玩到很晚。这很有可能是因为孩子们在之前就向父母展现过值得信赖的品质，家长相信他们在这些情况下不会毫无底线地乱来、冲动行事。毋庸置疑，他们越是显得认真负责、诚实可信，得到的特权就越多。

在这里讨论其他发展理论时，我们已经表明：在看到其他孩子胜券在握时，即便是最善解人意的家长也会催促孩子匆忙应付某个发展阶段遇到的挑战，或是急于提供过多的支持，从而没有让孩子真正做到直面问题。同样的理念也适用于道德发展。在成长的过程中，孩子只要连续不断地经历这些阶段，就能收获大量的锻炼机会。家长不能为孩子效劳，不能催促孩子，也不能保护他们远离这一过程。

其实，孩子需要犯错。对小孩子来说，错误可能是芝麻绿豆大点儿的小事，比如霸占玩具、惹哭同伴。对于青少年而言，可能是偷窃、作弊或是说谎。在这种情形下，家长会忍不住挺身而出，为孩子解决问题。无论遇到何种道德困惑，孩子都需要从错误中吸取经验教训的机会，从而审视自己的行为和价值体系。

我对一个在学校考试中作弊的高中生进行心理辅导。老师给家长发出一张通知单，要求家长在试卷上签字，表明他们已经知悉此次违规行为，然后将试卷返还给学校。这个十几岁的孩子没有把试卷拿给父母看，偷偷签上了家长的名字。老师质疑签名的真实性，就致电家长核实。父亲不想孩子由于不诚实而接受停课处罚，就谎称签名的确是他亲手签的。

——罗恩医生

这个高中生本来遇到了一次可提高道德发展水平的机会。然而，他的父母过于担心撒谎给他带来的后果，而选择了隐瞒事实，这虽然使孩子免于受罚，却让他错过了一堂意义重大的道德伦理课。他如果有机会体会作弊带来的耻辱以及由令父母失望引发的尴尬，就能因这段经历而变得更加成熟。接下来他会全力以赴做到最好，再次赢得父母的信任，这段奋斗历程的作用不可小觑，它能指引一个人向着更加高尚的道德情操迈进。但不幸的是，这个机会被硬生生地从他手边夺走，反而让他为自己的小聪明沾沾自喜。

父母可以协助道德发展

道德发展与年龄之间的关系较弱，与道德发展关系比较密切的是思维方式和问题解决能力的发展程度。

·前习俗水平：在这一阶段，孩子的行为主要受到外在规范和行为结果的约束，会把判断对错的标准与奖惩措施挂钩。家长可以制定简洁明了的行为准则，并且持之以恒地做到赏罚分明，让孩子清楚行为的后果。当知道父母会对自己的行为做出何种反应时，孩子会尽力做到最好。

· **习俗水平**：这一阶段的孩子会乐此不疲地与同龄朋友们保持一致。这个年龄段的孩子采纳这个圈子的责任感、世界观以及相处之道，也就是说一个孩子的同龄人圈子对于他的思维方式和道德发展影响巨大。留心观察孩子与朋友们在一起时的表现能够加深家长对孩子的理解。家长可以在开车送孩子和朋友们去参加活动或邀请他们来家中做客时进行观察。和孩子探讨家庭价值观与朋友们的价值观之间的异同是保持沟通渠道畅通的有效手段。

· **后习俗水平**：这个阶段的道德发展和思维水平在上大学之前出现的概率很小，但在任何年龄段的孩子的家长都可以推动孩子迈向这一过程。人们正是发展到这个水平才开始把高尚的道德品行看作公民的分内之事和对社会应尽的义务，这远远超出了担心触犯法律、违反规定的水平。但凡看到孩子身上有一点这样的苗头，家长就应该适时鼓励孩子实现质的飞跃，彻底改变他们与整个社会、团体的互动方式。

目标明确的家庭教育

你会注意到这些理论的核心思想都是必须让孩子亲身经历困难。

儿童和青少年需要在摆脱困境的过程中练就顺利过渡到下一发展阶段的本领。这一过程以孩子的思维方式的转变为基础，与大脑的发育和经验的丰富有关。无论父母急于超前推动孩子跨越这些阶段，还是过度保护孩子，都会剥夺孩子提升能力的机会，而这些能力只有在一步一个脚印地走过每一个阶段时才能获得。

总结

问题

每个人都想竭尽所能成为最好的家长。为此奋斗的同时，家长也为孩子设定了目标，希望他们聪颖过人、交际广泛并且品格高尚，不辜负家长的殷切期望。

陷阱

家长如果不知道孩子在社交、认知和道德等方面的特定发展过程，可能会设定过高（超出孩子的能力和意愿）的期望值，结果往往适得其反。

改变策略

留意孩子所处的具体发展阶段，根据年龄调整期望值。当孩子依次走过每一个阶段时，家长应该让与该阶段相适应的学习经历和挑战机会充分发挥作用。

切记孩子在同一时间可能处在社会性、认知和道德发展的不同阶段。与同龄人相比，他们可能在某一个或两个方面略胜一筹，而在另一个方面稍逊于人。放心大胆地给予支持，但不要去解救他们，因为风雨之后才能看到彩虹，他们需要经历痛苦的挣扎才能到达发展过程中的新水平或者里程碑。

第 5 章

利用大脑发育的关键期

我们常常听说由于无法打印作业，学生和家长起了冲突。比如，当学生去打印作业时，发现家里打印机的墨用光了，或是出了点故障，就立马变得六神无主了。其实学生可以换种颜色来打印；另存一份到 U 盘里，带去学校打印；在去学校时沿途找个打印店；去图书馆或朋友家打印……解决方式如此之多，可孩子的第一反应却是绝望无助，而不是开动脑筋想办法。

——达琳医生和罗恩医生

　　以前的儿童和青少年每天自然而然会遇到很多机会去锻炼这本书中谈到的能力。事实上，这一点无可辩驳。想一想，20 世纪 60—80 年代的孩子在规划自己生活方面的自由度与这代孩子的差异。你们很多人可能还记得那句话："路灯亮了就回家啊。"家长常常对孩子出门后的行踪一无所知，直到他们天黑回家。那时的孩子可能正在组织游戏，与其他孩子玩（当然，也可能搞点恶作剧）。所有这些活动都是对能够受用一生的必备技能的训练：组织、计划、多方权衡后做出决定。这些训练能促进大脑的发育，使思维更灵活，提升独立解决问题的能力。再回过头来看看现在这一代孩子，很多都没有经历过那些事。无论是碍于安全问题，缺乏自由时间，还是作业负

	当时	现在
视频技术	要录制一部喜欢的电视节目，你必须知道它的播出时间和频道，设置好VCR(盒式磁带录像机)，还要保证录像带的长度足够录制完整的内容。如果电视台同时播放两个需要录制的节目，家庭成员之间需要谨慎协商选出一部。这给了孩子锻炼人际交往能力的机会，比如沟通妥协、独立计划和组织。	几乎每部剧都是可以全天候放映的，不管白天黑夜，任凭点播，无须花费任何心思。
辨识地图的能力	在很多汽车仪表盘上的小柜子里，都存放着某个州的地图或是全美地图集。如果开车时迷失方向了，你需要看看地图，查查去附近街区问路是否安全，然后按照图中的线路行驶。青少年因此有了学习应对突发事件的机会，因为这需要使用问题解决、决策制定、社交判断和人际交往的技能。	GPS会为你领路，即使偶然迷路了，打个电话(或是打开谷歌地图之类的应用程序)，工作人员会瞬间帮你定位，给出线路。不需要解决什么问题——能娴熟使用手机就万事大吉了。
研究能力	要完成一篇论文，你需要做好计划，去一次图书馆，找到你需要的书籍、文献或报刊，在这些资料或它们的复印件上做笔记，查看从图书馆借出的图书(还要记得按时归还)。在此过程中，孩子们要学会时间管理，收集和整理资料，并负责按时归还图书。	只要在搜索引擎里面输入词汇或短语，你就能在家里轻松便捷地获取有关的信息，无须制订任何计划。

担过于繁重，孩子们都无法享有同样的自由，因此也就没有前几代人那样的机会。

阻碍孩子走向独立的不仅是排得满满的日程表。更大的阻力来自技术的进步，它剥夺了更多训练生存技能的机会。当孩子拿起电话就能迅速问到或查到答案时，还何苦绞尽脑汁地去想问题？儿童和青少年依赖科学技术提供现成的答案，离开它，他们就寸步难行。

除了独自出门，还有很多锻炼思维的机会，然而它们却被技术带来的便利一扫而空了。我们可以对比一下现在儿童和青少年的日常经历与上一代人有何不同（见 87 页表格）。

这个比对清单还可以列得很长很长。技术让迷路不再可怕，并且为了解新事物提供无尽的信息，对此我们的确应该心存感激。但是如果看看这代孩子每天丧失了多少发展认知能力（问题解决、规划组织和交流沟通的能力）的机会，就能明白今天的孩子在进入成人世界时，是多么脆弱无力。这一章的主要内容是，缺乏宝贵的技能训练会对孩子的认知发展带来不良影响。

由于即刻满足一代面对的生活越来越容易，他们身上的重要神经在发展时就会备受阻碍，而神经的发展程度与孩子能否独立自强、做出决定息息相关。从他们遇到问题时的表现中可以看出：他们迷茫失措，无法主动思考解决之道。

认知发展理论

认知发展理论形成发展于 20 世纪 20—50 年代。由于某种原因，教育家和儿童心理学家至今还没有终止对它的研究和使用。我们在

第 4 章中提到过，理论家已经探明了人类发展所必经的共同阶段，一个人无论生长在哪个时代，受过哪种文化的熏陶，都不会脱离这些发展轨迹。专家还认为，大脑发育和儿童解决问题的能力提高的过程也是如此，沿袭着相同的模式。

新的研究和理论层出不穷，但每种学说的立场都是一致的：大脑的发展是一个相对稳定的过程——遵循特定的规律，大多数孩子都不会偏离这个模式。具体来说，所有的理论都不主张超前开发大脑，因为孩子的思考方式会受到年龄大小、成熟程度以及发展阶段的制约。

举个例子，父母都想让自己的小孩学会分享。大一点的孩子和成年人在分享时，考虑的是这种行为带给他人的感受。他们认为给别人分一点或留一点东西能让对方感到高兴或是接纳自己；如果什么都不给，对方可能会心生不悦。另一方面，学龄前儿童只有在受到表扬或是被人强求时，才会去分享。他们并不是打心底里想分享，只是知道这样做时，别人会笑眯眯地说："真棒！"这种夸奖才是他们内心真正期待的正面关注。父母可以强迫他们理解分享的内涵，但无论从脑神经发育的方面，还是从社交、道德方面来看，他们都还没有成熟到足以品尝分享的甜头。放心吧，孩子们迟早会明白很多道理的，但这只能发生在恰当的发展阶段。

正强化孩子的合理行为

幼童也许对父母的某些要求难以理解，但很快会发现他们如果按照父母说的话去做，会受到表扬。比如，一个孩子可能不懂得为什么要分享、说"谢谢"和"请"或是轮流去做一些让别人开心的事，但他们很快会察觉到，自己这么做时，别人会大加赞扬："真棒！"这就给了他们继续做下去的勇气，同时会产生积极的结果。当心智成熟到足以理解这些行为在人际交往方面的意义时，他们才能够切身体会到什么是"赠人玫瑰，手有余香"。

大脑发育

在当今社会，便利的条件越来越多，人们的愿望也越来越容易达成，这不仅剥夺了儿童和青少年自己动手的机会，也影响了大脑的充分发育。一个孩子如果没有考虑过他人的感受、没有设想过行为的后果、没有独立解决过问题，他的大脑中专门负责这些技能的连接就无法得到强化。要明白这个问题，我们先得看看大脑生长发育的原理。

尽管大脑某些部分的稳定发展完全受到生理发育的制约，但其他部分的功能却可以通过恰当的练习得到快速开发。无论是学乐器、学语言、健身或是学习其他任何一项技能，只要坚持训练，就会有成效。唯独大脑的训练不是这样。在孩子的一生中，有一个快速学会某种本领的关键时期。在这个时期，只要有锻炼机会，孩子就能迅速得其要领。这个"关键期"（critical period）是人能轻而易举地掌握某种技能的特殊阶段。换言之，只有成长发育到了这个阶段，训练才能起到事半功倍的效果。

在关键期，突触（synapse）飞速增长，其速度超越了任何一个发展阶段——这叫作突触过剩生产（synaptic overproduction）。这时大脑蓄势待发，能对各种刺激照单全收，因而被视为学习的最佳时期。在突触过剩生产阶段，突触之间的连接会因外界经验而得到加强。某种技能被练习的次数越多，大脑在这方面的发展就越充分。

在一些连接因相关练习和经历得到强化的同时，另一些从未派上用场的连接却在惨遭无情的"修剪"。也就是说，如果孩子在学习的关键期未能获得某些实践经历，相关突触就会萎缩。简言之，突触的发展也遵循着"用进废退"的常理。错过了关键期的孩子尽管也能学会那些技能，但要付出成倍的汗水和艰辛。

语言习得关键期的丰硕研究成果能充分说明这一点。婴儿和幼儿之所以能快速形成处理声音的连接是因为母语的大量输入发生在语言关键期。所以新生儿从不会说话到口齿伶俐，仅需要短短的几年时间。婴幼儿在此期间听到的语言越多，处理语言声音的突触就发展得越强劲。相反，有些声音孩子是没有机会听到的，那么处理这些声音的连接就会萎缩（被修剪）。同理，与从小只听一种语言的孩子相比，在双语或多语环境下长大的孩子能够形成并保留更为丰富、强劲的连接，轻松自如地应对多种语言。

当然，已经错过关键期的人也能学会其他语言，但过程却是漫长而痛苦的。看看周围能随意使用两种语言的人，我们会惊诧地发现学习第 3 种语言对他们来说竟也如小菜一碟。有了习得多门语言的功底，日后再学习其他语言时，就会得心应手。其他神经发展过程（比如解决问题的能力）亦是如此。

当下这一代孩子的家长大都攀比心切，想让自己的孩子一马当先，不忍心看到自己孩子犯错或是有一丁点儿的沮丧。殊不知这样做是在剥夺孩子亲身体验的机会，而这种体验对于处在特定发展阶段的孩子来说至关重要。如果他们没有在最佳时机得到相关锻炼，等他们长大一些再回过头来学习这种技能时，只能是事倍功半了。无论是催促孩子超前发展的父母，还是过度保护孩子的父母，都是在忽略关键期的重要性。另一种父母的做法则是放手让孩子自己去改正错误、制订计划、承担责任、亲力亲为，这才是在给孩子创造机会，锻炼他们大脑的执行功能。

执行功能

儿童和青少年想要从容地步入日后的成年人生活，必须对大脑的执行功能进行训练。执行功能是指用高级推理来管理和使用多重信息解决问题、制定决策的能力，这其中包含计划组织、一心多用以及区分主次。

当我们与家长谈话时，会问到哪些技能是他们真正想让孩子在成年之前掌握的。他们把良好的人际关系、独立思考和勤劳善良视为主要的培养内容，而这些技能无不与执行功能有关。想想成年人每天面临的任务。无论哪一天，你需要安排的都不仅是自己的日程，还有你们全家人的日程；维持正常生活（比如洗澡、吃饭、穿衣）；抽时间处理琐事；照顾孩子；上班（这包含了对执行功能的各种额外要求）；记得回电话、回复邮件和发信息以及安排约会（你的、她的、他的、他们的）。执行功能是独立、体贴、自给自足功能的核心。

从更复杂的水平来看，执行功能让一个人的思路更加灵活，能做到随机应变。事前计划固然重要，但人算不如天算。执行功能可以让人在突发事件面前稳住阵脚、改变策略、制订新计划，同时考虑可能涉及的所有人。可见，对于一心想让孩子顺利跨入大学和成人生活的家长而言，这些技能该有多重要。

我们以普通大学生的日常生活为例。首先，他们必须按时上课、吃饭、赴约。这都是"小菜一碟"，因为他们早已习惯按部就班地完成各项任务了。让他们头疼的是需要自己规划完成的那部分任务。

· 老师一般会为整个学期制订一张弹性任务表，旨在让学生每天坚持学习这门课。比如，老师会说他将在两个月后的某一天安排一场针对前 10 章内容的期中考试。也就是说每周需要读一两章，还要消化吸收。当然，这只是一门课。
· 学生还需要安排完成作业、阅读、写论文、为自己上的四五门课埋头苦读的时间。
· 至于课程中的一些难点，老师也不太可能主动讲解，往往是由学生自己提问。
· 学生需要腾出时间处理生活琐事，比如洗衣服、搞个人卫生以及买东西。
· 他们需要自己理财。而这之前，很多学生从未尝试过自己理财，更多学生从没记过账，包括生活费和额外支出。
· 对很多大学生而言，社交压力凸显，包括与他人合住（常常是第一次）、见到很多陌生面孔以及妥善处理社交自由与其他任务之间的关系。

学生要使用的不只是其中的某个技能，而是以上所有技能。不会再有人监督他们完成作业或是因为第二天早晨有课，嘱咐他们早点回家。也不会有人在他们疲于应付、沮丧颓废时拉他们一把。高中时，家长很重视孩子的SAT成绩和GPA，因为它们是名牌大学的敲门砖。但上了大学后，SAT成绩或者GPA就不再是指挥棒了，执行功能开始发挥重大作用。

家长在挺身而出解救孩子之前如果能让孩子自己想办法，就是在促进大脑执行功能的发展。童年期注重培养孩子通过自己的努力达成心愿的家长也发挥了同样作用，因为这能让孩子承担起更多的责任。在第6章，老师们总结出了一些能够预见大学生活成功与否的重要品质，最常见的包括灵活变通、批判思维以及勇于承担责任。注意，这些全都与执行功能密切相关。

执行功能的最佳学习期

由于对家中该由谁来洗衣服争执不下，一对夫妇和他们17岁的女儿来到诊所。女儿对妈妈的做法感到百般无奈，因为妈妈洗衣服和挂衣服的方式不合她的心意。父母就索性让女儿自己洗，正在拼命尝试摆脱家长掌控的女儿自然会抓住这一宝贵机会（对第2年准备离家上大学的她来说，这是她所处的发展阶段使然）。尽管达成了协议，每次孩子忘了洗校服时，她的妈妈还是会为她洗，于是问题又来了。女儿对妈妈插手自己的事很不满，而妈妈也很委屈，认为她不知好歹。母亲对我说："如果她把脏校服穿去学校或是由于没穿校服违反规定怎么办？"

我回答道："这个冲突现在爆发出来岂不更好？让她自己承担后果可以让她更合理地做计划。难道要等她上了大学，有一堆东西要学的时候，再去学着自己安排吗？"这是一个错失完善执行功能机会的典型例子，在关键的青春期，吃一堑、长一智是对执行功能的绝佳训练。

——达琳医生

研究显示，训练大脑执行功能的最佳时期从中学开始，一直持续到 20 岁出头。大脑额叶是掌控执行功能的主要区域，它与大脑的很多其他区域相交互动。尽管大脑很多区域的发展都贯穿整个童年期的始终，但额叶的发展只有在青春期早期到成年初期这一时段才能呈现出迅猛的增长态势。因此，处于这个成长阶段的人在完成学校作业、料理个人事物、权衡各项任务（比如家务活或兼职工作）方面能显示出较强的自理能力。

在《青春期大脑的发育：对执行功能和社会认知的影响》一文中，作者萨拉 - 杰恩·布莱克莫尔（Sarah-Jayne Blakemore）和苏帕那·乔杜里（Suparna Choudhury）对儿童和青少年的神经发展做出了详尽的总结，囊括了整个童年期的所有变化。他们提供了详尽的研究综述，清晰地记录了使用神经成像和神经测试得出的一系列结论。他们还详述了对大脑发展做出的追踪研究。

最为抢眼和及时的研究成果之一，是主管执行功能和社交认知区域的突触重组发生在青春期。布莱克莫尔和乔杜里在研究总结中清晰地阐明了处于青春期的孩子不仅能够以最快速度掌握与执行功能相关的技能，还能以最恰当的方式发挥它们在人际交往中的作用。可见，青春期是学习这些技能的关键期，而经验学习又是最佳手段。因此，家长落入解救陷阱去解决孩子的问题，挺身而出为孩子扫清人际交往障碍或是毫无条件地满足孩子的物质欲望时，就是在夺走他们宝贵的实践、学习机会。青春期是大脑吸收整合所有经验的黄金期，此时学习这些技能比其他任何时候都轻松容易。这就是儿童、青少年的家庭教育和学校教育都需要把这些能力的培养作为首要任务的原因。

当家长眼里只有学习成绩，在课后找家教帮孩子补习，为进入理想大学、今后过上好日子而催促孩子做出超前准备时，却不知道自己的孩子正在与这些需要在青春期练就的本领擦肩而过。如果青少年没有足够丰富的组织计划、决策和批判式思考的经验，进入成年期后就会茫然无措。

自信源于实践

尽管上中学时，孩子的大脑才会步入练就执行功能的黄金期，但家长没有必要等到这时才去帮他们创造锻炼机会。孩子遇到难题时总会向父母求救，所以应该让他们从很小的时候起就习惯听到这样的回答："你认为自己该怎么做呢？"

· 一个连路都走不稳的小孩把弄坏了的玩具拿给爸爸看，爸爸可以问："你觉得我们应该如何修理它呢？"

· 一个8岁大的孩子忘了拿做作业要用的数学本，家长可以这样提示他："怎样才能把这个问题解决得又快又好呢？"

· 一个10岁的孩子谈到在学校与其他孩子发生的冲突，家长可以这样引导他："你可以做哪些事情来改善关系呢？"

　　他们提出的解决方法往往欠缺考虑或是不够成熟，也许最终还是需要大人帮忙，但这种回答能让他们在遇到问题时想到首先要靠自己，而不是求别人，同时，有助于建立自信，这样，他们日后面临对大脑执行功能提出更高要求的严峻挑战时才能底气十足。

家长如何提高孩子的判断决策能力

　　审时度势地做出英明决定需要强大的执行功能，以及推己及人、体恤他人的能力。和其他能力一样，一些孩子小小年纪就能表现出过人的天赋。但是，大多数孩子需要反复不断地磨炼决策能力——这是一个日积月累的过程。

　　比如，有的小学生一上车就系安全带或是一骑车就戴头盔，这一行为乍看之下是基于英明判断做出的决定。事实上，这只是他们养成的好习惯而已。即使父母苦口婆心地解释系安全带和戴头盔是为了他们好，有些孩子还是无法完全理解这些东西在车祸中的重要性。习惯使然和良好的判断力还是有所不同的。

小孩子刚开始是在养成习惯，不断重复练习，对权威人士言听计从，模仿自己通过观摩习得的某种技能。到了小学高年级时，他们也开始从个人经历和实践中学习。当以往的常规被打破，他们需要依靠执行功能发挥作用，包括想出可能的解决措施，考虑这些解决措施对他人的影响，评估哪种做法收效最佳。今天，即刻满足的一代人往往随心所欲，不善于考虑结果。立刻解决的冲动阻碍了他们在做决定时发挥判断力。接下来，如果再有父母来救场，孩子就彻底无法自行解决问题了。

　　家长如果向孩子讲述自己小时候所犯的错误，希望他们引以为鉴、不要再犯，就肯定是落入了解救陷阱。成年人犯错无数，吃的苦头足够让我们尽力避免犯同类错误了。作为心理学研究者，我们常常听人说："我不想让孩子和我犯同样的错误。"那么青少年该怎么去学习呢？

- ·一些成熟稳重觉悟高的青少年在聆听了自己父母的经历后，能对他们所经受的磨难感同身受，因而从中受益。
- ·另一些青少年擅于从周围同龄人的经历中吸取经验或者教训（正面和负面）。
- ·效果最显著的学习来自直接的个人经历。很多孩子抱有"这事永远不会发生在我身上"的心态，相应地也就对什么都不以为然。这一类人需要亲身感受某种行为所产生的后果，并从中吸取教训（也就是"原来，我也会这么倒霉"）。

　　这代孩子的父母尤其需要在鼓励孩子利用好学习的关键期方面

下更多功夫，这会促进孩子大脑的执行功能区域的发育（形成更强劲的突触连接）。

如何与你的孩子探讨可能出现的后果

　　放手让十几岁的孩子去体验生活难免会让家长感到不寒而栗。详细讨论某种行为的后果不失为一种有效的沟通手段，因为这会让他明白你的要求，以及达不到要求的后果。

· "你如果没有在规定时间回家，那么两周之内就不能和朋友一起出去玩。"

· "你如果在聚会时喝了酒，可以打电话让我们去接你。但如果你喝了酒，却没打电话给我们，那么两周之内你就不能和朋友一起出去玩了。"

· "我们如果发现你开车带朋友（在加利福尼亚州，如果驾驶者未达到规定年龄和条件却这样做了，属于严重违规），就会罚你一个月内不许开车。"

· "如果你的馊主意将自己或其他人置于危险当中，那么你会面临严重的后果。"

最重要的课程

　　提升能力的机会正从这一代即刻满足的儿童、青少年身边溜走，其结果便是家长、老师、研究人员和雇主看重的技能得不到训练。

练习需要花费时间和精力，这并非易事，还常常令人沮丧懊恼。但给孩子创造大量机会让他们明白熟能生巧的道理很重要。这一理念是蕾切尔·基恩（Rachel Keen）所写文章《孩子问题解决能力的发展：重要的认知能力》的主题。这篇文章对发展的重要回顾得出的结论是从孩子出生的第一年开始，家长和社会就需要给他们创造机会和环境，鼓励他们积极开动脑筋、锻炼解决问题的能力。有证据显示一两岁的孩子已经能用早期策略解决问题，这让很多成年人惊叹不已。

如果家长理解利用青少年关键期的重要性，切实打好基础、巩固强化他们解决问题的能力，孩子就能更好地应对大学和成人生活。在抚养教育孩子时，还应认识到过度安排、技术依赖、重视结果轻视过程会对他们的自然发展造成何种干扰，而前几代的青少年都无拘无束地度过了这些发展的必经阶段。所以你能给孩子的最好礼物就是给他足够的练习机会，让他学习思考。

总结

问题

这一代儿童和青少年都是技术达人，动一动手指，就能解决很多问题。除此以外，家长往往看重孩子在学业方面的经历，忙于给孩子创造优势，却不屑于利用与发展执行功能有关的"关键期"，而那才是把孩子培养成一个自信独立、心思缜密的人不可或缺的条件。

陷阱

这一代孩子的家长稍不留神，就会落入限制孩子提升执行功能的陷阱：解救孩子、给他们解决问题、无条件地给予以及依赖技术带来的便利。

改变策略

支持孩子勇敢地解决问题、辩证地思考问题，即使他们的提议欠佳欠妥。切记，孩子们可能常常会对自己的社交和情感状况理不出头绪，所以多给他们提供练习的机会吧，这是在为他们配备受用一生的技能。

1. 强调失败乃成功之母。
2. 当孩子们自己想办法处理问题时，要给予表扬。
3. 更看重"过程"以及孩子为了某项任务付出的努力，而不是结果，即使结果不尽如人意。和孩子谈谈他们为实现目标做了哪些尝试，作用如何。如果没有奏效，还有哪些不同方法可以尝试。
4. 不要一味地对"尖子班"或"学校体育队"趋之若鹜，而应着眼于孩子加入其中需要付出的努力和代价。
5. 不要把孩子的成绩看得比学习解决问题的过程更重要，不要为他安排一切活动，应该鼓励孩子把握尝试新事物的机会。

和十几岁的孩子，尤其是不把父母放在眼里的孩子打交道时，一个屡试不爽、效果奇好的方法是让他们自食其果。

1. 不要事事为他们操心；让他们体会失望、内疚的滋味，直面考前不复习或是不完成作业的后果。

2. 如果你知道学校（或是其他组织）要求孩子穿某一款服装或是带某一种东西，问问孩子是否需要你帮忙去买。如果他们没有理睬，就让他们自己去面对疏于计划或是懒懒散散的后果，逼迫他们自行解决。到时候，他们如果因此而感到尴尬或紧张，那么以后再犯的可能性就会很小。不要愿者上钩地在他们张口之前就把一切安排妥当。

3. 说清他们必须为某些行为承担的后果，比如错过宵禁、得低分、逃课、酗酒、谎报行程，等等。

第 6 章

成龙还是成虫：
我们为孩子所做的一切是否真的
对他们有好处？

家长：施托尔伯格医生，我打电话过来是想问问您能否帮帮我的儿子。他今年刚上大学，却遇到了麻烦，并说他想回家。他高中时的学习成绩一直很好，还修了很多预修课程（AP[①]class），现在却莫名其妙地挂了好几门课（好几门课不及格）。他说想休学一年，明年转到另一所学校。

很多家长都希望孩子高中毕业后能继续深造，拿到更高的学位。事实上，整个美国也都把促进高等教育列为首要任务。美国在高等教育方面的支出居于世界首位，财政资助也在逐年增加。但有 30% 的大学新生入校刚满一年就辍学了，只有 60% 的大学生能在 4 年内拿到学位。我们每年都会接到很多家长的电话，诉说自己孩子的大学生活一团糟，无力承受成年人身上的重担。家长为孩子列出奋斗目标，却发现自己的孩子正与他们规划好的路线背道而驰，不由得黯然神伤。大多数家长都对如何帮助孩子顺利迈入成年期感到茫然。

今天的家长明白，与十几二十年前相比，现在美国大学的门槛越来越高了。每年秋季，各种媒体的头版头条都会借助真人真事大

---

① AP 是 Advanced Placement 的缩写，即美国大学预修课程。美国高中生可以选修这些课程，在完成课业后参加 AP 考试，得到一定的成绩后可以获得大学学分。——编者注

肆渲染进入名校的艰辛和不易。比如，刊登在《纽约时报》(*The New York Times*)的一篇文章开头如下："名牌院校的申请量今年再创新高，预示着新一轮的猛烈落选风暴即将来袭，击碎更多孩子的梦想。"

正如我们在第 3 章中谈到的那样，今天的父母为了将孩子送入名校煞费苦心，这种焦虑在孩子还很小——甚至是上幼儿园时就悄然而至。在名校指挥棒的引导下，家长亲自出马为孩子找家教，给孩子报各种课外辅导班，就为了让孩子拥有一份夺人眼球的学术简历。结果孩子却常常感到压力重重，连喘口气的时间都没有。在写这本书之前，我们采访了很多老师，他们一致表示，现在的学生群体与前几年相比，更加冷漠无情、依赖他人和浮躁不安。所有家长都希望孩子在面临高等教育的挑战时胸有成竹，却往往事与愿违。如果成绩单上的 GPA、SAT/ACT[①] 成绩都无法说明这个孩子已经为上大学做好了准备，那还有什么能说明呢？

专家对于"成功"学生的看法

我们邀请了来自全美各地的老师，希望他们说出哪些品质可以预示孩子未来的成功。

他们公认的特质有：

· 变通或者抗压能力

· 内在动机

---

① 美国大学入学考试。——编者注

· 不屈不挠、坚持不懈的意志

· 良好的社交能力，包括人际沟通能力

· 独立解决问题的能力或是批判式思维

· 勇于承担责任

注意，老师们没有将智商、GPA 或是"尖子生"作为判断依据。事实上，没有一个老师提到具体的分数、数字或客观评价体系。每位老师都强调，要想处理好生活中的难题，优良的品质和娴熟的技能必不可少。一位老师简单地说了句："笑对挫折和痛苦，它们能教给你很多。"

加利福尼亚州南部的一位高中老师报告说，他曾经问过自己的学生，成功同龄人身上的哪些品质最为重要。学生的看法和老师们极为相似。他们说随机应变、谦逊自信、意志坚定、专注用心最为重要，还说时间管理和学习能力对于准备上大学或上班的学生而言也很重要。没有一个学生提到智商、GPA 或是进入"尖子班"学习的能力。

不仅老师和学生看到了这些品质的重要性，研究结果也证明了这一论断。一项针对初中生的学术调研显示，自律性强的青少年在各项学习测量中，都表现得优于那些草率的同龄人。测量方式包括总成绩单、标准化成绩测试分数、被竞争力强的高中录取以及出勤率。如果你们的目标是提高成绩等级、测验分数和进入理想的学校，那么教会孩子承担责任、满怀信心地独立解决问题就能提高胜算。这个道理浅显易懂。能够信心百倍地迎难而上、不达目的不罢休的孩子擅长自己钻研答案，并不指望别人提供现成的答案。他们还会更加卖力，在做作业时精益求精。相反，随心所欲、坐享其成的孩子更可能等着别人来告诉他该怎么做，遇到棘手的问题就停滞不前，抑或提交粗制滥造的作业。这对于习惯了即刻满足的学生而言毫无益处。还有一项研究更进一步验证了这一论断。该项研究发现"尽职尽责"（被定义为"一个极具条理性和自律性并且有责任心的人"）在预测高中和大学 GPA 方面是一个最强有力的指标。急于解救孩子的家长会过分催促孩子或是避免他们犯将对 GPA 产生负面影响的错误，可这样做并没有帮助孩子，反而妨碍了孩子形成优良的个性品质，而这才是被专家和研究结果一致看好、预示成功大学生活的指标。

我们采访的老师报告说这一代学生自律性不强，恨不得马上得到现成的答案，尤其是学校作业的答案。一位高中英语老师说："如果谷歌上搜不到，他们就傻眼了。"他举了一个例子，有一次他让学生就两次文学事件之间可能的关联谈谈自己的看法，并说答案没有对错之分，只是想鼓励学生"思考"。没想到班上超过半数同学把他的问题一字不漏地敲进平板电脑中的谷歌搜索框里。这是他们对于涉及观点的问题的第一反应。他们不愿（或不能）自己思考，需要借助其他东西提供答案。急于获取答案的浮躁席卷了孩子生活的各个方面，学习也未能幸免。

尽管研究表明自律性强的青少年在各项学业测量中，都表现得优于那些草率的同龄人，但即刻满足、过度培养以及解救孩子的现状却在彻头彻尾地与这项研究结果唱反调。人们普遍认为智商越高，成功的概率越大，但多项研究和我们对老师、管理者及雇主的采访结果都显示出这个看法是荒谬的。

被误读的智商

> 高中老师常向我们反映，参加预修课程和进入尖子班被认为是身份的象征。他们说家长以为要是孩子在高中时能进入尖子班学习，以后就可以平步青云了，即使孩子并未表现出相应的特长或是根本没有时间完成那么多作业。结果就是学生在尖子班的成绩较低，而如果在普通班，他们很有可能拿到更高的分数。那么何苦要咄咄逼人呢？
>
> ——达琳医生

我们发现一个有趣的现象，在我们对老师、管理者和家长的采访中，没有人提到"高智商"或"聪明"的字眼并把它们看作即将成人的孩子身上最重要的品质，但它们却是家长和孩子谈论学习目标时的常用词。家长的慧眼能很快辨识出聪明的孩子，认为他们将来肯定能出人头地。这几个词容易引起太多的遐想。

聪明这个词常常用来描述人的属性，属于语义丰富的词语之一。学生口中的"聪明人"，可能是每次考试都能拿高分的孩子。一个成年人可能会称赞同事"聪明"，意思是他们想出的点子很绝妙。一个家长可能会夸自己孩子"很聪明，即使考试成绩不好"，意思是自己没有用学习成绩做判断。在线字典（Dictionary.com）将其定义为"具有或显示出高水平智商或敏捷的思维"。很多人会把聪明和智商高混为一谈。

那么智商是什么，又该如何测量呢？在认知心理学领域，这个几十年来饱受争议的问题至今还没有定论。在这期间，还涌现出很多新兴的智商理论。理论家们试图设计出一种测量智商的方法，并深入了解各种能力的相互作用对总体智商、不同类型的智商以及情商的影响。如果一个人被别人称赞为聪明，究竟意味着什么呢？他是学习好、为人精明、人缘好，还是这三方面都好，抑或还有其他哪些方面？

无论关于智商的争论结果如何，孩子们真真切切听到的信息是聪明有各种好处，考高分的都是聪明孩子。孩子们常常告诉我们聪明的孩子不用学习，学校功课对他们来说易如反掌。顺着这个思路，是不是可以认为如果一个孩子眼里出现难题，他就不够聪明？孩子们肯定会这么想。

这个信息不仅对孩子有害，还正中了即刻满足一代的下怀。如果一个孩子测验中取得的"A"是用汗水和艰辛换来的，那么他就不符合聪明孩子的标准。由此可见，不劳而获、急于求成的做法竟然在不知不觉中得到了褒奖。得到高分受表扬，辛苦努力无人知。

"聪明人眼中无难事"的理念不仅道出了即刻满足一代的心声，还与执行功能的核心观念背道而驰。因为即刻满足一代极易落入图省事的圈套，所以他们自然而然地把聪明伶俐与呼风唤雨的能力等同起来。但不幸的是，这是一个漏洞百出、误导性强的观念。

不要把分数与智商画等号

很多青少年来向我们咨询，说到自己上小学时也算个聪明学生，很早就学会了阅读或是擅长计算。上了中学后，日渐繁重的课业让他们感到越来越力不从心。不仅要学新知识，还要合理安排时间来完成用时较长的作业，兼顾接踵而来的各门功课，还要应付更为全面综合的考试。这就需要用到他们以前因为功课简单，而未加以练习的技能。简言之，当功课简单时，他们不屑于去努力学习如何成为一名好学生。

因此，表扬学习好的学生时应注意，尽量不要把分数与聪明挂钩，而应有 针对性地表扬他们为一次作业或考试付出的努力。比如说：

· "约翰尼，你刻苦用功了这么久，真是具有顽强的毅力。"
· "简，你这么快就把那个作业完成了，我真为你感到骄傲。"
· "你花费了大量时间和精力力求做到最好，同时还学到了东西，得 A 当之无愧。"
· "这次考试得了 C 没关系，因为我们看到你在学习和准备的过程中已经尽心尽力了。这也许是对你的学习方法的检验，仔细想想需要做出哪些改进，下次就能够更好地复习考试了。"

强调学习的过程

我们在第 3 章中讨论过，家长过于关注对孩子能力的客观测量结果——比如阅读水平、测验成绩、标准化考试分数以及成绩单上的大学预修课程的数量。但那些指标都是终端产品。为达到目标所付出的努力以及主动发挥出的计划组织、问题解决能力是过程，这些才是完成任务或学到知识所需要的技能和能力。终端产品明了、客观。通过考查学生，人们似乎能够轻而易举地了解他们的能力水平。但要综合考量一个孩子的计划组织和其他学习技能以及主观能动性却绝非易事，因为这需要大量的精力和时间。本来学习这些技能时，孩子们就容易受挫、沮丧和烦躁，当他们觉得这些能力对考试成绩没什么帮助时，就更不愿去做这种看似费力不讨好的事了。事实上，他们天花乱坠地讲述班里聪明人的事迹时，是满怀着敬畏之情的。对于家长而言，比起说"我的孩子忘做作业了，所以他与老师约了放学后见面，想知道在提高分数方面自己还能做出什么补救"，他们在说"我的孩子在数学强项提高班"时显得更加神采奕奕。但是在处理约见老师、补做作业等事务时所体现出的人际沟通能力和规划能力却可以让孩子受益很久，不会随着这门课的结束而终止。它们也是专家眼中获得成功所需的潜质。

家长为孩子取得了可量化的成就而扬扬得意也算人之常情，比如测验得了 A。但是，由这些客观测评而衍生出的各种遐想却不利于孩子形成正确的自我认知。举个例子，加州有一个"天才教育"（Gifted And Talented Education，缩写为 GATE）项目，孩子只需在一项资质测验中得到一定分数，就能参加这个项目，然后根据学校所在的区，被分配到高水平任务。单单一项对视觉问题解决能力的考察就决定了孩子的去留。换言之，仅仅一个测验分数就足以让家长、老师和学生浮想联翩。被选中的学生立刻被冠以"比同龄人更机智、更精明以及更能胜任高难度工作"的光环——但事实上，这个测验仅仅挑选出了解决视觉问题的高手，而漏掉了在其他方面有天赋的孩子（比如说口头表达或是听觉能力强）。因此，孩子们灰心丧气，看不到，也更谈不上去利用自己身上的其他学习特长——他们捕获到的信息只是他们不属于聪明的孩子，然后得出只有客观测试才能显示出智力水平的结论。所以，此时家长绝不能在与孩子的交谈中加强这种看法，而应当向孩子解释这个分值所测量的具体能力。比如"被选入'天才教育'的孩子们确实眼力好，很擅长解决视觉难题"或"那个项目中的孩子恰巧都是数学高手"。

奖励进步

在分数方面，在孩子取得"积极"分数（而不是"高"分）时给予他奖励和表扬。如果一个孩子数学学得好，A 就是一个积极分数。相反，如果他本来在数学方面一窍不通，但经过不断努力得到 B，那也算获得了积极分数。如果自从开学以来，孩子的作业和测验长期处于 C 水平，因为老师过分注重细节，一点小小的错误都要扣分，那么 B 就属于积极分数。

小学

孩子上 1 年级的时候，我主动参加了"晨读"活动。每天上课的前 20 分钟，孩子们会向报名参加的家长大声朗诵，然后回答与阅读内容相关的一些问题。我惊诧地发现像我儿子这样，没有阅读长篇读物的孩子才 3 个人。他的老师说让很多孩子超前阅读有悖常理，但这种风气却十分流行。她说这样做未必能产生最佳效果，学生也许能够朗诵超出他们阅读水平的内容，但大多无法理解内容。她说最好能让孩子阅读内容浅显易懂的书本，即使他们能够朗诵晦涩难懂的词语。

——达琳医生

一直以来，我们从不同的老师口中都能听到这类观点。另外一位 1 年级老师说他得常常提醒家长，让他们给孩子带一些朗朗上口、容易理解的阅读材料到学校，不要再带那种超出孩子理解能力的高水平书本了。他说家长们对孩子能够阅读超出自身水平的书引以为豪，完全无视孩子失去了将所读内容融会贯通的机会，而这才是更重要的练习。

阅读理解是一个解决问题的过程，要求孩子们消化内容，建立与已知事物的联系，准确分析，识记阅读内容，然后展开讨论。阅读与孩子所处发展阶段相适应的文章给了他们锻炼这些必要的思维能力的机会——就算书本"比较简单"又有何妨。如果因为想让孩子看上去出类拔萃，而强迫孩子读晦涩难懂的书，那么孩子连做到理解内容都很困难，更别说训练与之相伴的问题解决能力了。

在数学的学习方面也是如此。最快做完数学题的孩子往往被认为是最聪明的小小数学家。但是，一些学生可能由于注重搞懂解题思路而放慢速度。他们是在锻炼强大的思维能力，并不在乎能否获得"聪明"的头衔。从"天才教育"项目选拔、阅读能力测验到速算比赛，小学生处处都在用客观评价体系给自己定位。

从小学开始，家长和学生就都开始痴迷于攀比成绩。如果你的孩子考得不如别人高，那你内心就会恐慌不安。虽然与他人比较不可避免，但你可以从多方面引导孩子正确看待这种差距。

让孩子能够听懂你的解释

一些孩子也在认真刻苦地学习，可成绩就是上不去，分数总是辜负汗水。这对他们打击很大，让他们觉得自己技不如人。和孩子分析他们的学习优劣势时，给出一些浅显易懂的具体实例比较实用。

比如这种解释："聪明与否不能仅凭成绩来判断；成绩只能说明他们学习某一门课的情况。如果一个孩子数学考了 A，并不是说他比别人聪明，只能说明他数学学得好。如果一个学生历史考了 A，并不是说他比别人聪明，只能说明他历史学得好。如果一个学生当了球队队长，并不是说他比别人聪明，只能说明他橄榄球打得好。所以，生物测验得 A 的孩子不见得比你聪明。他们只是更擅长理解生物方面的知识罢了。"

初中

当孩子升入初中，突然发现要学那么多门课，还要满足各门课老师的不同要求时，难免会感到无所适从。这也是家长降低与老师的沟通频率，放手让孩子自己打拼的时候。家长在这几年对孩子的引导能够对孩子解决问题的思维能力产生深远影响。

切记，此刻正是孩子的大脑蓄势待发、准备迎接阶段性挑战的时机，比如练习我们在第5章中所讲到的大脑执行功能的相关技能。所以，孩子在刚上初中的前几个月（或一两年）里遇到磕磕碰碰也在所难免，要做好心理准备。我们习惯把中学阶段称为"练习岁月"。家长可能不忍心袖手旁观，但我们认为这是明智之举——在上高中之前给学生犯下错误、忏悔反思、痛改前非的锻炼机会。

6年级开学后的第2个月，孩子对我说第2天有个单元测试。我们的对话如下：

"你复习了吗？"

"没有，因为所有东西我都会。"

"真的吗？3章课本内容、所有的笔记还有词汇表你都会？"

"当然。"

"嗯……好吧，你试试看不复习会怎样。"

3天后，他垂头丧气地回到家，战战兢兢拿出试卷让家长签字，以向老师证明我们看过。他得了F。我们的答复是："现在你知道考前不复习不行了吧，下不为例。"

——达琳医生和罗恩医生

我们完全可以在考前告诉他必须复习，并且威胁他考不好就不让他出去玩，但他心里还是觉得按照自己的想法来做是没问题的，所以我们想给他一个机会，让他从自己的决定中吸取经验教训。迫于家长的高压政策，他也许会去复习，但可能永远不会明白获得理想的分数需要付出什么。而且这样做的同时，我们又会在不经意间开启家长模式，插手孩子的计划过程。这就是"练习岁月"的可贵之处。没错，他得了个 F，他的整体分数也被拉低了。可是从长远来看，初中成绩的影响微乎其微，但亲身经历的感受却更加深刻和长远。与我们交谈过的一个初中生辅导员常常对家长说："如果你承担了责任，那么孩子就不需要也不会去承担责任了。"

初中也是学生真正会掉队、被各种变化和要求压得透不过气的时候。家长可以帮助他们理清头绪，在浏览网站、使用计划表、规定家庭作业制度等方面给予明确而一致的引导。对于很多学生而言，他们还需要学习提高效率和管理时间的技能（当然将来走上工作岗位后，他们也能从中受益）。

万事开头难，尽管很多学生在刚开始学习这些技能时需要指引，而且大多会犯错误，但家长还是不应该解救他们。对照下列行为，家长就能够判断出自己是在解救孩子，还是在提供必要的指导：

· 替孩子给老师打电话询问事情。（事实上，在家长出面之前，初中生应该先给老师发邮件或自己找老师谈。）
· 为孩子没做作业一事找出各种借口。
· 问老师如何才能提高自己孩子的分数（如果有机会，让学生自己问）。
· 把孩子忘带的作业送去学校。
· 站在孩子一边（或是完全相信孩子的话），全然不顾老师的立场。比如，如果孩子对家长抱怨说他们受到了不公平对待，家长不分青红皂白就站在孩子一边。
· 给学校打电话更改孩子的课程安排或是要求换个老师。

· 遇到问题没找老师谈就去找校长。

· 当着孩子的面谈论老师的不是。

几乎每位与我们交谈过的老师都会说，最让他们头疼的是家长们认可甚至鼓励学生指责老师，而从未站在老师的角度去质疑孩子说的话或是先把事情的来龙去脉弄清楚，尤其是当孩子为了博取同情、有意歪曲事情的真相时。

家长在这段水深火热的时期的表现能够决定孩子承担学习和工作责任的方式。

让我们通过具体案例来看看孩子会吸取哪些不同的经验教训。

> 尼克是一名初中生。他的一个老师有点粗心大意——有时候会弄丢学生的作业，也不会及时更新自己的网站。尼克在班里的最终成绩是 C。当父母在网上查看他的成绩册时，发现他有几次没交作业。尼克解释说其中的一次作业他明明交了，可还是莫名其妙地得了 0 分。他说他不知道还有其他作业，因为老师没上传到网上。他继续说这个老师总是丢三落四，班上所有孩子都有过作业没被录入成绩的经历。

选择 1

尼克的父母对老师心怀不满，给他发了邮件，还你一句、找一句地抱怨他的粗心大意。如果他们这样做，老师可能会回复邮件说自己由于疏忽，漏掉了一次成绩，但会补上分数。他也许还会承认自己常常忘记更新网站，但他每次都会在课堂上给同学们布置作业。他甚至可以给尼克一次机会，让他补做作业。最终，尼克可能会得到一个更高的分数，放下悬着的一颗心，父母对问题的解决方式也表示认可。

但同时，这个解决方法没能让尼克增强自己解决问题的意识。事实上，他还为上课时没有认真记录老师布置的作业一事找出借口，以为有了网络就可以高枕无忧了。发生意外也不需要费尽心思地去解决问题，只需和父母说一声让他们去交涉，马上就会得到满意的结果。

选择 2

尼克的父母对他说："记作业是你的分内事，你连这一点都做不到。这些作业得 0 分影响了你的总成绩，所以在你的成绩有所提高之前，不许和朋友一起玩。"尼克没有想到后果会这么严重，声称自己太冤，说那次得 0 分不是由于自己没完成。他的父母说："好吧，你如果认为这不公平，那该怎么做呢？"尼克自己去找老师说明自己的确交了那次作业，赢回他应得的分数。老师强调，每次他都会在课堂上给全班同学布置作业（也许会给他补做的机会）。这样他就会明白，今后不能够完全依赖网站上的内容。还有，尼克会把作业写在家庭作业计划表上。通过这次事情，他能够学到如何解决问题、化解冲突、与人沟通、计划组织以及获得自尊自信。

避免解救，加强锻炼

如果某个初中老师的要求听上去不太合理（或者确实不合理），那这恰恰是教孩子以成熟而适当的方式去处理事情的机会。首先，核实清楚这位老师有没有侮辱、谩骂、伤害孩子。如果有，则需挺身而出，与孩子站在同一条战线上，刻不容缓。如果没那么严重，可以和孩子商量处理方式——"你认为该怎么做呢？"或"你准备怎么处理？"

· 第一步：先让孩子自己找老师探探路。如果老师好说话，孩子可以继续与他谈谈自己对于解决问题的建议。

· 第二步：如果老师拒人于千里之外，那么就需要与孩子共同撰写一份邮件，而不是替孩子写（很多老师不听语音邮件）。邮件应该包含孩子发现的问题，老师和孩子与这个问题的关系以及解决问题的建议。也许问题最终还是没得到解决，但起码表明孩子获得了承担责任的勇气。比如，当一个孩子因为迟交作业没能获得分数时，他可以通过完成作业来显示自己承担了责任，即使他不会得到这个分数。

· 第三步：如果发邮件的方式没起作用，那就安排一次家长、孩子和老师的三方会面。

· 第四步：如果会谈没有达到预期的效果，那说明孩子和老师之间不合拍，此时谈谈如何"挺过困难时期"，尽可能做到成熟理智、不失风度。然后对孩子尽职尽责地解决这一棘手问题的行为大加赞扬，提醒他把注意力放在这学期真正值得做的事情上。不要和孩子一起骂老师，而要说老师的教学风格与孩子的喜好不对路。"我明白，你不喜欢你的老师，但你竭尽全力做了自己应该做的事，让我感到很骄傲。"

高中

进入高中后，孩子对学习的焦虑感就大幅飙升了。在考虑是否进入（或被推进）尖子班学习时，我们发现家长往往比孩子更像热锅上的蚂蚁，这并没什么稀奇。而事实是，如果一个孩子有进入尖子班的潜质，他会受到老师的鼓励，在基础班取得优异成绩或是对这门课产生极大兴趣。如果尖子班适合孩子的学习方式，他在这种环境下能如鱼得水，的确不错！但记住，这不是对智商高低的测量，也无法说明你的孩子就一定能顺利从大学毕业。一些高中生从未做好进尖子班的准备或是上过大学预修课程，但也没出现什么问题。正如我们在第 2 章中看到的，家长应该注意的是不要对尖子班或大学预修课程顶礼膜拜，把它们看作身份的象征，从而给孩子施加过量压力。再强调一遍，对终端产品或是结果的过分强调才是打击学生学习积极性的罪魁祸首。

高中阶段也是家长无力观望的时期，一有风吹草动，他们恨不得马上出手相助，同时开始对自己说想帮也帮不了几年了，现阶段只要全力以赴护送他们"渡过难关"就好。在这几年中很多家长总是按捺不住亲自出面的冲动，因为"这是最关键的几年"。他们认为临阵磨枪，猛推孩子几把也能力挽狂澜，让他们更加胜券在握。恰恰相反，这样做实际上削弱了孩子的竞争力。因为这些解救意图会瓦解孩子的斗志、夺走他们树立自信的机会。学生对自己的能力越是满怀信心，就越能直面学习中的挑战，也越有成就感。

抵制急功近利的诱惑，让孩子慢慢来

一位资深的老师兼顾问与我们分享了以下建议："孩子应该选择那种对他们来说具有恰到好处的挑战性的课程，课后他们应该还有余力去参加足球或是仪仗队训练，回到家后尚存精力和家人兴致勃勃地聊天。这需要强大的平衡力。"

这真是千金难买的建议。它既考虑到学生自身的需求，又包括对大脑执行功能的训练，还顾及了他人感受，是孩子的必学内容。

每个孩子都有自己的发展步调，那么如果不与其他孩子比较，家长又怎么能够判断哪些才是顺应孩子发展阶段的任务？下面有一些参考标准，可以用来判断家长对孩子的要求是否脱离了实际：

· 孩子对作业的看法如何，太简单还是太难？

· 一说到上学，孩子是否就无精打采？

· 孩子是否一做作业就叫苦连天？

· 孩子是否常常喊叫肚子疼，或身体其他地方不舒服，尤其是在上学期间？

· 孩子是否对家庭作业牢骚满腹？

· 孩子在学校里是否常说自己笨或是差劲？

这一切都说明孩子的学习状态欠佳，是时候为这种恐慌追本溯源了。

学业自我概念

激发孩子的学习兴趣时，帮他们形成积极的学业自我概念很重要。一个人的学业自我概念是指他对于自己属于哪类学生的划分，是他对自己作为学生的身份的描述方式。一个人的总体自我概念包括多个不同的方面，在每一方面的自我定位又各有不同。比如，每个人都会以不同的方式定义自己在体育、艺术、音乐、社交、感情或学习方面的自我概念。一个人可能会把艺术自我概念定义为"创意十足"或是"没有艺术细胞"，而对社交的自我概念定义为"善于交际"或"喜欢独处"。尽管一个人的自我概念种类繁多，可学业自我概念一经建立，往往是根深蒂固、难以更改的。当谈及你的学业自我概念时，你可能不假思索地就会对自己曾经是个怎样的学生给出答案。成人常常会这样评价自己："我对数学一窍不通""我上学时一直都很聪明""我不是一个好学生""学习对我来说不是什么难事"或"从没有老师喜欢过我"。孩子对自己作为学生的定位往往以我们之前探讨过的客观评价体系为标准。

学校因为是向学生们提出大量难题的地方，也就给家长提供了帮助孩子解决难题形成自我认知的许多机会。学生们小小年纪就经常拿自己和别人比，开始给学业自我概念下定义。就像我们在上一章中看到的，如果一个孩子解数学题的速度比他的同学慢，那么每周的速算测试对他来说就是不小的打击。如果一个孩子在班上不属于好学生，家长可能会听到他说"我的数学不行"或是"我真笨"。无论一个孩子完成数学卷子的速度有多快，都不能说明他是"数学天才"，可孩子收到的信息却是如此。这种比较无时无刻不在发生。家长可以利用这个机会改变观念——某一种技能的优劣不足以定义他们的孩子。

用真人真事说明天生我材必有用

每一个学术领域都对不同的技能有所要求。学生应该明白，即使他们在某方面技不如人，也可以学好这门功课。想找找在某些方面一窍不通，但最后功成名就的真人故事，因特网是个不错的工具。

你可曾知道简·奥斯汀（Jane Austen）和欧内斯特·海明威（Ernest Hemingway）总写错字？阿加莎·克里斯蒂（Agatha Christie）有阅读障碍，可却成了一位名声显赫的作家。被称为"奇才"的托马斯·爱迪生（Thomas Edison），数学其实很糟糕。

家长帮助学生形成积极学业自我概念的绝佳方法之一是注重学生的综合成就。成就不仅是客观测量手段衡量出的那部分，还包括他们对学习的付出、重视、关注和意识。面对一个非常在意自己成绩的孩子时，除了要帮助他理解某项技能并不能定义一个人之外，还要善于找出他身上的很多其他的优点。

在给因为学习成绩而闷闷不乐的孩子做心理辅导时，我常常这样说：

"仅凭你很在意自己的行为结果这一点，我就能判断出你是一个善于思考、责任心强而且不怕吃苦的孩子。这是很多你的同龄人想不到，也很难学到的。而这对于你来说却是与生俱来的。你身上有很多闪光点值得骄傲，我真希望你能尽早渡过这个学习难关，看看自己已经把多少孩子甩在身后了。"

——达琳医生

对老师的不满

一位母亲对我说，她的女儿刚上高中的第一年就遇到了麻烦。她的大部分老师都"不错"，但有两个老师却不把每周布置给学生的作业上传到自己的网站上。她问我："如果女儿有一天没上学，不知道作业该怎么办？"我答道："以前怎么做现在就怎么做。她回来时给朋友打电话或是去问老师，然后想办法补作业。事实上，能遇到一个在课堂上布置作业，不把作业发布在网站上的老师算是孩子一大幸事。孩子可以利用这个机会学习认真听口头指令，把它记下来、写进记事簿，然后做出相应的计划。高中时学会适应不同的教学风格，今后就不愁与各色教授、老板打交道了。"

——达琳医生

听到家长滔滔不绝地讲述孩子与老师之间发生的所有不愉快时，作为治疗师，我们就会有所警觉。这里我们指的不是一次不悦的经历，而是能够把这几年来孩子对每一位老师的批评倒背如流的家长。

我们理解，家长都希望孩子与老师融洽相处——老师帮助孩子发挥长处、弥补短处（扬长避短）。但老师也是具有个性的血肉之躯，希望每一位老师都能和孩子实现天衣无缝的配合的想法不太现实。学生有不同的学习方法，老师也有不同的教学风格，师生之间不合理的搭配时有发生。也许老师严厉苛责，孩子却喜欢和风细雨，或是老师拘泥细节，孩子觉得评分不公平。这种经历并非学校中的特有现象，它还会在今后的人生道路中频频出现。一名上司的管理风格不一定能对所有员工的胃口。

在这本书中，我们会持续探讨在整个童年期，儿童和青少年锻炼安身立命的技能有多么重要。那么，遇到一位和自己对不上眼的老师就是学习宽容、忍耐和理解他人的好机会。从很多方面来看，学着处理与老师之间的矛盾远比拿到好成绩重要得多。

当孩子听到家长数落老师时，就有了投机取巧的借口。可能会以老师的评分原则有问题、对他有偏见或者教学水平低为由，不去做作业。而且，埋怨他人要比承认错误容易得多，他们很快就会养成推卸责任的习惯。孩子们可以选择如何去应对，但作为家长，你应该通过提高孩子的社交和问题解决能力，让他们找到走出困境的方向。

无论某种情形是否有失公平，家长都不应该把孩子看作受害者。一旦孩子感到自己是受害者，就会拒绝承担责任，把所有过错推到其他人身上。另一方面，如果家长引导孩子去应对这种情形，孩子就能得到处理复杂人际关系的锻炼。大多数孩子都有过与不太适合自己的老师过招的经历，尤其在一年之内任课老师的数量高达 6 个时。人与人之间存在不同，产生分歧很正常。我们鼓励家长把这种经历视为教育孩子的良好契机。

不要埋怨老师

在你的孩子进入高中之前，他可能接触过至少 20 位不同的老师。因此，遇到不适合自己学习方式的老师的概率很高。与其一整年都愁眉苦脸，不如把握机会帮助孩子克服困难，为高中、大学和未来的工作打好基础。最佳方式是不要埋怨老师。无论在什么情况下，都不能让孩子听到家长对老师的怨言。一旦孩子知道你不喜欢某个老师，只能选择和你站在同一个阵营。这会削弱他的学习动机和动力，剥夺他战胜挑战的锻炼机会，所以请不要让这一年变得苦不堪言，尽量赋予它更多的意义。

随时待命的家长：警惕常见借口

正如我们在第一章中看到的，把上学的孩子从错误的边缘拉回来的家长正在落入解救陷阱，这是我们作为治疗师最常见的陷阱之一。

通过与每天前来咨询的所有孩子谈话、每周与老师们交流以及分析自己孩子的借口，我们掌握了丰富的第一手资料，对孩子央求家长出手相助时的交流方式一清二楚（有时连他们自己都意识不到）。

孩子的话

- "如果你不这样做，我就会得低分，GPA 的整体水平就会被影响。"
- "这原本是一个小组任务，可现在就剩我一个人负责了。"
- "老师昨天才把它发布到网上。"
- "我去踢球了，所以忘了看网站。"
- "那个老师做事一点条理都没有。"
- "没人告诉我昨天交作业。"

家长的话

- "下不为例。"
- "如果我不做，晚上家里得鸡飞狗跳了。"
- "如果我不这样，孩子会恨我的。"
- "孩子担心自己做不完作业，我得出手相助啊。"
- "他的老师确实不可理喻。"

家长常常向我们坦言，当孩子需要他们拯救自己于水火之中时，他们就会有种成就感，同时认为只有用那种方式帮助孩子才能融入孩子的生活中去。当家长拯救孩子时，往往会被千恩万谢。老实说，这在青少年身上发生过多少次？家长不经意间就会落入陷阱，这也情有可原。

尽管家长难以遏制出手相救的冲动，还是应该想一想老师们的再三叮嘱——这样做会让孩子的练习效果大打折扣，也和教师、研究人员以及青少年本人所认定的成功特质相去甚远，我们在本章的前半部分讨论过。

当被问及家长如何以最佳方式促进孩子学习时，接受我们采访的来自美国各地的老师如是说：

- "让孩子在挫折中历练自我，可以教导指引，但不要一手包办。让他们为自己的行为承担责任，但需要全程跟进，适时与孩子交流如何采取更好的措施，产生更佳的效果。无条件地爱自己的孩子，欣赏他们身上的优点和天赋！"
- "要认识到为孩子跑前跑后并不是理想的教育方式；有什么问题的话，让他们自己找老师说并处理与老师的关系；鼓励他们与可能成为导师、推荐人的成年人多交往，今后可以请他们写推荐信或是打点人际关系。"
- "鼓励他们培养自己的兴趣爱好，并教给他们成功并非源自'聪明''天赋'或'强健的体魄'等，而要靠勤奋努力、持之以恒和吃苦耐劳。"
- "多问问题以鼓励他们独立思考，不要为孩子包办代劳。"
- "让他们绞尽脑汁自己想办法。"
- "家长不仅应该在孩子为数学作业'焦头烂额'时引导他们想出解题思路，还应该让他们做做家务，锻炼其解决问题的能力，而不是让他们坐享其成。"
- "阅读，阅读，再阅读。"
- "你不能事事效力，导致他们一事无成。他们需要机会去奋斗、挫败。不要救他们于水火，但要在必要时给予支持。"

· "注重阅读能力的培养，尽量定期安排一些全家人的共同阅读时间。"

· "家长最重要的职责是掌握孩子的学校教育情况——知道老师是谁，他们正在学习、了解什么，诸如此类——不要做直升机式父母。家长需要培养孩子的独立性。"

· "我认为要通过言传身教的方式让孩子学会踏实肯干、统筹规划和细致专注等优良品质。"

· "有时候家长需要扮演'狠角色'，不能轻易妥协，就像老师的责任是教育引导、对青少年的越轨行为严加防范一样。"

在这张清单中，我们没有删除老师们的任何一条答复，也没有只选择和我们立场相符的答复。研究结果和老师、管理者、临床咨询师得出的共同结论一致：孩子最不可或缺的技能和能力便是在解决问题的过程中培养出的个性特征，同时他们也应该学会体恤他人和考虑后果。

总结

问题

　　对家长来说，关注终端产品确实更轻松，因为它能够量化并且显示出孩子的能力。家长生怕孩子落后，盼望看到他们的成就，这势必会让他们关注对孩子成绩的客观评价手段，比如字母等级计分制或是 GPA。

陷阱

家长和其他家长"谈论"别的孩子的突出表现时，往往容易中招。这让他们不由自主地过分催促孩子或者只注重眼前分数的高低，而忽略了整个学习过程（计划组织、主观能动、问题解决、犯错改错）。当孩子学习这些能力的机会被剥夺时，他们也许能获得高分或是好成绩，进而被理想的大学录取，但却未能习得上大学后独自料理生活的能力。

改变策略

明白分数、成绩和学习奖励源于刻苦努力，而非聪明绝顶。指明并强化理想成绩来自他们为学习付出的艰辛努力的观念。关注他们在学习方面做出的努力、计划、组织以及进行的沟通。

1. 帮助孩子形成积极的学业自我概念，不仅指出他们的缺点，更要表扬优点。第一种方法是不要笼统地夸奖某些孩子聪明，应该具体说明这些孩子的优势。比如"哇，……的数学确实学得好""……真是阅读能手"或"……的协调性真棒"，然后一定也要指出自己孩子的优势。

2. 另外一个有助于孩子形成积极学业自我概念的方法是就事论事地谈论孩子的缺点。不要上纲上线给孩子下定论或是从智商的角度解读成绩。

3. 在谈论分数或是学习测量手段时，切忌说"高分"，尽量使用"积极分数"。这就把关注点从数字转移到了孩子的努力层面。

4. 让孩子自己设定学习目标（和你的不一致也无妨），最好是在他拿回成绩卡的时候，这一点再小的孩子都能做到。当老师的评论赫然在目，白纸红字，一目了然时，家长不需要强求。只需要在目标确立后，无所顾忌地支持孩子，再谈谈他可能忽视的一些方面即可。

第 7 章

手机是智能化了，但我们呢？

家长：罗恩医生，我们的儿子恐怕无药可救了。他依然无视家规，在学校表现差劲。我们已经开始严加管教，并把他的电子游戏机和其他电子产品都没收了。

罗恩医生：在那天下午做心理咨询时，我注意到他拿着手机，还时不时看两眼。我之前明明听说他的电子设备已被全部没收，就问他为什么还拿着手机。他的回答是："他们给我留着手机以防突发情况。我估计他们不懂，其实手机无所不能。他们爱没收什么没收什么，把手机留给我就行。"

最近一项在全美范围内的调查显示，68% 的 12—13 岁儿童（初中生）和 83% 的 14—17 岁青少年（高中生）拥有手机。这项调查进一步显示拥有手机的儿童的数量正在逐年上升。另一项研究显示，20% 的 3 年级学生和近 40% 的 5 年级学生都拥有自己的手机。

手机对孩子的影响

随着手机在儿童和青少年中的普及，了解它们对孩子产生的影响至关重要，无论是积极的还是消极的。因为手机已经成为这一代人日常生活中不可或缺的部分，大多数人只看到了它的益处。但研究显示，手机会阻碍孩子信息处理能力的发展。

千真万确——对于手机的日渐依赖剥夺了儿童和青少年解决问题（归根结底是主动思考）的机会。基于一项覆盖全美的大规模研究，近期的一篇文章做出技术泛滥会削弱孩子的工作记忆能力的论断。工作记忆（working memory）是指在思考问题时，人们将信息保留在短时记忆（short-term memory）中的能力。由于手机能轻而易举地获取和储存大量信息，很多东西（比如电话号码）都不需要青少年和儿童用脑去记。因此，记忆力无法得到加强。他们把自己的日程安排输入手机，设置提醒功能，从不练就用心去记的本领。在时间管理和计划方面，手机的确功不可没，但当儿童和青少年由于对它的过分依赖而无法履行个人责任时，它就成了一种羁绊。自己忘了事却怪罪手机没有及时提醒的孩子不在少数。有了这个冠冕堂皇的理由，他们再也不从自身找原因了。

而且，越是新近的经历，我们记得越牢靠。不久前进行的谈话和阅读的内容会储存在我们的短时记忆里，直到有了新的经历取代它。如果一个十几岁的孩子每过几分钟就要看手机、发信息、上社交网、看照片、收邮件，那么留在短时记忆中的就是这些活动。换言之，如果你前脚给他布置完任务，他后脚就去玩手机，那你就别指望他能听从安排，因为很多新的经历会在短短几分钟内覆盖他的记忆。如果你在孩子玩手机时叮嘱他去扔垃圾、喂狗或是打扫房间，然后他能照做，那可真得烧高香了。一旦孩子和手机发生连接，就与周围环境和正在发生的一切绝缘了——要么对你的要求充耳不闻，要么看到与待做事宜相关的事物也无动于衷。

> ## 严格区分作业时间和手机时间
>
> 智能手机的很多功能都是做作业的得力助手。但还是要注意，不要总让孩子机不离手。手机上眼花缭乱的诱惑很容易分散孩子做作业的注意力。上社交网、发邮件或是玩游戏总比做作业有意思得多，所以大多数孩子无力抵挡这样的诱惑。因此当孩子做作业还抱着手机不放时，家长就要留心观察、保持警觉了。

智能手机对发展问题解决能力的阻碍

青少年越是依赖手机，丧失的排忧解难的机会就越多。我们在这本书中一直都在谈不要让孩子错过锻炼问题解决能力的良机，这是让孩子学会处理生活中的各种问题最重要也最有效的方法。但是，由于他们总是依赖技术（这里特指手机）解决问题，就丧失了这些重要的锻炼机会。

想想这个场景：一个 5 年级孩子的父亲在送孩子上学时嘱咐道："今天放学后在学校门前的台阶上等我。"14: 30 左右孩子下了课，乖乖地站在台阶上等父亲来接。14: 30 到了，父亲却还没来，她不耐烦地看了看手机，开始给他打电话并发短信问他为什么还没到。她的父亲回复说他会迟到一会儿，让女儿继续在学校的台阶上等。最终，不出任何意外，她被父亲接到了，而没有引起任何一方的不必要恐慌。

但是这种情况并没有成为孩子锻炼批判式思维的机会。如果没有电话，她可能会耐心地等几分钟，猜测父亲迟到的可能原因，过一会儿后，就能知道该怎么做了——比如：继续等、去学校办公室告诉工作人员她的父母没来、给祖父母或邻居打电话，甚至是自己走回家。比起从手机短信中接收指令，以上选择都比较难，但这才是问题的关键所在，孩子能获得自己斟酌处理、解决问题的机会。

童年是锻炼思维能力和寻找问题解决之道的恰当时期。我们认为缺少锻炼机会的孩子的能力与常常开动脑筋想出一堆方案，再择优选用的孩子相比，总是相形见绌。我们不是说当计划改变或意外发生时，你也不应该给孩子发短信告知情况。交流依然是可取之道。我们的建议是尽量不要过度依赖技术，把孩子从锻炼的机会中解救出来，至少应该提供一些选择，让他们对比优劣。

聊聊短信

手机是与孩子交流的简便工具，尤其在出现变动的情况下更能凸显自己的作用。但是，我们的确希望你们能抓住每一次机会，问问孩子假设他们收不到信息，会如何应对突如其来的变化。

我们以那个放学后父亲没有及时来接的孩子为例。如果你也遇到相同情况，孩子的安全和情绪的稳定当然是最重要的，所以，发短信给他，再按原计划接他。事后，问问孩子如果那天他碰巧把手机落家里了，会怎么办（比如通知学校办公室人员、向老师求助）。让孩子决定，不要直接告诉他答案，不要让孩子错失主动思考问题的绝佳机会。了解这一点之后，你可以为孩子刻意设计一些锻炼自主决策的机会。

手机不是问题，问题是孩子不假思索就能神不知鬼不觉地排除困惑，瞬间获取信息，不给思考留余地。依赖技术的这一代人对即刻满足这一愿望的需求极为迫切，而手机正是对这一需求的有力回应。和大家一样，我们也喜欢手机，也离不开它。这不是对我们热衷技术的控诉，而是要提醒大家，手机带来的种种便利会使许多解决问题的机会白白溜走。

星期六晚上 10:40 分，一个 17 岁的孩子从朋友家出来，准备开车回家睡觉，走到车旁时，他发现一个轮胎的气不足了，但还没有完全瘪。他给家人打电话说："爸爸，有一个车胎好像没气了。"他的爸爸回答："我先给 AAA[①] 打电话，然后马上来找你。"

在这种情况下给家里打电话是明智之举，无可厚非。但接下来发生的事却令孩子丧失了一次锻炼的机会——孩子的父亲，而不是孩子本人给 AAA 打电话要求援助。男孩因此丧失了与调度员打电话的机会，没能积累不慌不忙回答调度员问题的经验。他们甚至没有讨论车胎气不足到什么程度或能否坚持开回家。他们考虑过先在朋友家过夜，等天亮了再检查轮胎或是搭顺风车回家吗？因为有手机，他甚至都不用返回朋友家等维修车和家长来。

再强调一次，给家人打电话无可厚非，错过机会的原因是家长出手相救的速度太快。家长肯定也想知道如果他没有接到求救电话，孩子会如何处理。除此以外，他在这个时候练习问题解决能力也不

---

① 美国汽车协会。——译者注

会遇到危险。因为是在朋友家门口，敲门就能获得帮助。这是多么好的锻炼自主决策能力的机会啊！更重要的是，他不仅能学到轮胎气不足时该怎么办，同时还能锻炼处理突发事件的能力。

对十几岁的孩子来说，眼前出现问题，感到有点恐慌，绞尽脑汁思考可行方案的经历可以让他们受益匪浅，获得荣誉感和成就感，为日后处理问题树立信心。一个人练习的次数越多，他为下一次的突发事件储备的可行方案就越多。作为家长，了解这一点后肯定会感到欣慰。所以，下一次当你忍不住要解救孩子于水火之中时，请安心坐稳，珍惜难得的学习机会吧。

从"迷路"中学到的技能

看地图、记录方向、估算到达时间等技能正在快速退出人们的视野。由于我们的电话无所不能，我们的孩子不会因为迷路而慌张。你只需说出或者输入"回家"，所在位置就能立即出现在地图上，然后app（应用程序／应用软件）会问你是选择走路、开车还是骑车。更有意思的是，它还会向你标明沿途的每一家餐馆、商店、加油站以及还有多久到达，还会问你想快点回家还是想欣赏沿途风景。

现在回过头想一想，享受不到手机恩泽的孩子在迷路后能练习哪些技能。他们需要重新审视自己的计划或路线，回忆自己走过的路，分析问题出在哪，以及怎样才能回到正确的路线。这就是说，他们需要观察周围的情况并做出判断，如果贸然问路有危险，就得去加油站或是商店打听方向。他们还需要想办法补回因走错路而耽误的时间。如果浪费了很多时间，如何才能按时赶到？同时，这还是一堂时间管理和应急处理的课程，尤其是在他们去赴重要的约会时。再说一遍，我们对导航 app，比如谷歌地图或是内置 GPS 导航提供的便利和安全满心欢喜的同时，也要认识到技术正从更多的途径剥夺孩子的学习机会，使得这一代青少年锻炼解决问题的机会变得少之又少。

辨识手机上的地图固然简单明了，但这和使用纸质地图截然不同，也不需要你的记忆功能发挥作用。将纸质地图放入孩子手中，他可能不知此为何物。下次去偏远地方旅行，手机收不到信号或是没有无线网络时你这样做，就能看到他一脸的茫然——这是一个让他们明白条条大路通罗马的千载难逢的好机会。不能因为儿童和青少年掌握了新技术，家长就不鼓励他们使用古老的方法。这样做反而能弥补损失了的锻炼宝贵技能的机会。

使用手机时扬长避短

如果你的孩子确实对自己的手机欲罢不能，可以让他利用手机做一些有意思、有意义的事情。比如，当你需要查找信息，比如一个地址、电影放映时间或是趣闻轶事时，可以不必亲自动手，让孩子为你效劳然后和他一起分享结果。这样，孩子既能使用手机，又能感觉到自己的价值。同时，你也可以增加与孩子的交流，趁机夸奖他是技术达人，双方都有所得。如果全家人在年末要外出度假，你可以让孩子查查目的地有没有游乐场或是水上世界。你甚至可以问一个很简单的问题，比如："吃完晚饭后，你能不能看看五金店明天什么时候开门？我怎么想不起来了。"这些要求包括了记忆、解决问题、人际沟通等任务，还能让家庭凝聚成一个团结的集体。

发短信

> 一位少女给我看了一条她男朋友发来的短信：
> 我们还是不要再见面了，学校见，好吗？[①]
>
> ——达琳医生

这里要说说发短信了。家长们关于短信的咨询向来比较多。一个最常见的问题是："我的孩子一个月发一两万条短信正常吗？"上个例子中提到，孩子们不管有什么事都发短信：恋爱、分手、说自己很无聊、分享社交活动、想到什么说什么。它已经成了一种备受推崇的交流方式，即便发信人就坐在收信人旁边也是如此。

这里有一个令人不寒而栗的统计数据：据估计，青少年的所有短信中有 1/4 都是在上学时发出的。这意味着学生不仅会因为发短信而影响学习，还经常与朋友在抬头不见低头见的情况下发短信。他们等不到休息或课间活动的时候再和朋友说话——他们需要立刻交流想法和表达评论。短信的即时性也是首字母缩略语以及新出现的

---

① 原文为 "i dont think we should c each other anymore c u @skool k？"。正确完整的英文写法是 "I don't think we should see each other anymore. See you at school, OK？"，但为了打字方便，他没有区分大小写，省略了大部分标点符号，还用字母和符号代替了发音相同的单词或字母组合。——译者注

精简版词汇（比如用 GTG 表示"要走了"①）大行其道的原因。以前发短信时确实需要简化，因为打字任务相当艰巨，要在小小的键盘上按很多次才能打出字，信息还不能超过 160 个字符。但是现在智能手机提供全键盘和自动填充功能，青少年却还在用简化形式，只因完整拼写太费时间。由于种种原因，发短信可以满足即刻达成愿望的需求，对此这一代人早已丧失招架之力。

一方面，只需动动手指，就能向别人发一条简洁的短信，好处不言自明。但另一方面，这种交流方式也存在很多隐患。

短信交流所缺乏的社交暗语

对成长中的青少年而言，人际交往以及有效沟通的思路和想法是必不可少的技能。事实上，在第 6 章中，我们已经指出这是老师们公认的优秀学生的潜质。恰当的交流能够促进学生与同龄人、老师、老板以及家长之间的联系。

不可否认，发短信也是一种交流方式。那又有什么可大惊小怪的呢？我们应该知道词汇不是唯一的交流方式，肢体语言、面部表情、手势姿态以及语音、语调和声音大小都是交流的一部分。每次孩子们在一起面对面交流时，都是在练习沟通的艺术。练习棒球能让你成为一名更好的棒球手。同理，练习交流能让你逐渐成为沟通高手。

当你和别人打电话时，仍然是在使用多种交流技能。你不仅能听到对方说话的内容，还能听出他说话的方式和流利程度。同时可以判断对方是愤怒、犹豫、赞赏、讽刺、自信，还是挑逗。面对面

① 即"got to go"。——编者注

说话时，我们还能观察或判断对方的面部表情。如果在你高谈阔论时，对方翻白眼、生气或是走开，你马上能明白这是种无声的抗议。稍懂看人脸色的说话者都能看出这是让他们就此打住。然而非言语的反应无法体现在短信或电邮中。只看文本，往往很难判断发信人的语气或情绪——或是根本无法判断。结果是文本撰写人编辑的内容无论是想表达冷幽默，还是显得出言不逊，都会比面谈时长很多，因为他们无法察言观色、适可而止。这会让人际关系变紧张，引起不必要的冲突。此种交流形式充其量只能传达最基本的信息，而对于发展安身立命的技能毫无裨益。可想而知，前面提到的一个月能发上万条短信的青少年进行了多少极简形式的交流。如果你一天发出上百条短信，而且天天如此，那么就会与大量机会擦身而过。

很多人都会根据听众的不同特点，调整自己发表的见解。当我们进行面对面交流时，会根据听众的反应做出判断，选择恰当的交流方式。我们使用的语言、内容、语境以及言语的礼貌程度都会根据听话人做出调整。当你与之约会的女孩的哥哥离你不远时，你可能不会说她的坏话；而当你发短信时，却默认该短信只会被收信人阅读。但是青少年有分享短信的嗜好，所以看信人数是无法估算的。当孩子一天发出成百条短信，而不愿与人直接交流时，就无从锻炼察言观色、随机应变的技能了。

提倡面对面交流，减少短信数量

短信在特定场合下是得力的助手，比如快速对某个问题给出是或否的回答，或是告诉对方你将迟到几分钟。它还能够用来问问对方当时说话是否方便，但很多孩子一用短信"聊天"，就长达好几个小时。家长应该监督孩子，掌握好孩子与朋友进行短信交流和电话交流、面对面交流的平衡。鼓励孩子尽量与朋友交谈，因为这是锻炼的绝佳机会。如果你看到孩子与住在附近的朋友不停互发短信，可以建议孩子邀请朋友到家来，或是骑车甚至走去朋友家。

短信容易引起误会

女孩：今晚别让你的朋友来好吗？（Can u tell ur friend not to come 2nite?[①]）

男友：不知道。（idk[②]）

女孩：我只想见你。（I just want to see u[③]）

（无回复）

女孩：你生我气了？（r u mad at me?[④]）

男友：没有。

女孩：你确定？（r u sure?[⑤]）

　　一连几个小时没有反应，尽管女孩跃跃欲试了好几次想再发短信问问。她来到我办公室时已几近崩溃——不知道他是否

---

① 完整形式为"Can you tell your friend not to come tonight?"。——译者注
② 完整形式为"I don't know."。——译者注
③ 完整形式为"I just want to see you."。——译者注
④ 完整形式为"Are you mad at me?"。——译者注
⑤ 完整形式为"Are you sure?"。——译者注

还喜欢她或是要和她分手。一小时后，她发短信说他如果想带朋友来也行，并表示道歉。最后，他发短信给她，写道："晕，你怎么了？"原来是他和父母出去吃饭，没看到短信。她由于没收到短信而做了各种无端的猜测。我问她为什么不打电话给他。她说："那太蠢了吧。"

——达琳医生

在我们的电子时代，短信已成为一种流行的文化现象。智能手机更是让发短信变得易如反掌，孩子们可以不假思索地发出短信。甚至有研究表明，47%的受访学生闭着眼睛也能发短信。短信的便捷必然要为性情急躁的青少年所用。

作为治疗师，我们看到短信一遍遍地引发了青少年之间的冲突，因为他们围绕某件事的全部讨论都是通过短信展开的，难免会有一些冲动的回答，容易造成误解，内容也比当面谈话时直白露骨。也许谈话开始时并无恶意，但随着某条回复被误读，收信方还未弄清对方真实的用意，就用尖酸刻薄的言论予以回击。由于没人能看到对方的面部表情（可能是伤心、生气、尴尬或难过），另一方回复时会更加剑拔弩张、鲁莽冲动，这又会激起另一轮激烈的反应。本无恶意的评论可能会引发冲突，伤害感情。

认真对待重要的讨论

我们知道孩子要发短信。因此，与口头或者书面交流一样，短信交流也需要家长的引导。

家人应该遵守重要的事情当面说的规定，禁止发短信。比如，短信不适合用来请求晚回家、邀请朋友来家玩或是征得做某事的同意，这说明儿童和青少年也不应该发短信约会、邀请对方出席正式场合、提出分手或是讨论个人感受。向雇主请假或是提出辞职时也不适宜发短信。

关于手机的最终决定

说到高科技，让家长举棋不定的是"我的孩子什么时候开始用手机比较合适？"。什么时候开始用手机以及用哪种类型是应该由全家人做出决定，家长最好让孩子也参与这个过程。外界有很多的参考可以给家长指点迷津。一些可靠的信息源，比如《ABC新闻》（*ABC News*）、《今日美国》（*USA Today*）和《卫报》（*The Guardian*）都刊登了根据不同家庭需求和孩子年龄制定的方案（包括如何挑选手机），以及各种资费的套餐。既有对安卓系统手机与iPhone手机对比的讨论，也有对MP3、视频聊天以及上网性能的介绍。更重要的是，它们还列举出了能帮父母了解孩子的活动、数据使用和行踪的手机。同时，很多手机公司也能为家长提供类似的参考。

一旦买到手，全家人应当共同制定一些手机的使用规则，不能与已奉行的价值观相冲突。如果使用恰当，手机对全家人来说就是锦上添花，能够促进交流、引发思考、解决问题，而不是起到反作用。

总结

问题

手机的神奇在于它几乎囊括了人们感兴趣的所有功能。"只有想不到的 app，没有找不到的 app"已经成为颠扑不破的"真理"。这些手机对青少年可谓有求必应：即时的答案与回复、与同伴们长久的关系维护、震撼的视听效果。智能手机在很多孩子的生活中扮演着举足轻重的角色。

陷阱

今天即刻满足一代的父母坚信手机是孩子的必需品，能避免紧急情况发生。因此，孩子拥有第一部手机的时间也越来越早。对很多孩子来说，使用手机的权利不是自己赢来的，或者说他们没有为获得手机付出任何努力。对这代人而言，拥有手机被认为是理所应当的，无论从文化还是社交的角度来看，这种观念每天都在被强化。能够随时掌握孩子的动向是一个令人信服的理由，但事实却与此初衷渐行渐远。作为父母，我们想让自己的孩子收到参加聚会和社交活动的邀请，广交朋友而且紧跟时尚潮流。手机成了我们的定心丸，以为有它在手，孩子就能维持友谊，不会受到排挤。

改变策略

当你开始把为孩子配备手机的问题提上日程时，首先考虑你想让孩子用它做什么，然后判断哪款手机最适合你的要求。之前我们讨论过，有很多可靠的信息源能够帮助家长做决定。

一旦你决定买哪款手机，就要和孩子商量赢取它的办法了。无论你的决定如何，都要让孩子参与到这个过程当中。分数、努力、礼貌或者帮忙做家务都可以成为孩子赚取手机的参考标准，目的是让孩子为之奋斗。

孩子拿到手机后，家长应该对手机的使用提出要求和限制。家长需要与孩子详细讨论哪些操作是合理的，哪些是被禁止的。还应该对全家人使用手机的时段和时长做出规定。

所有这些都完成之后，你的孩子就可以尽情享用他的手机了，这样既能确保安全，还可以和朋友们一起玩。强调与朋友之间进行积极有效的沟通，少说废话。尽可能为孩子创造利用手机献计献策或吸取知识的机会。当你使用手机时，最好能为孩子做出示范。

第 8 章

技术惹出的麻烦：
电子游戏、社交网络和电视

一对夫妇由于担心自己 9 岁的儿子每天玩电脑的时间过长来到了诊所。深入了解后，我发现他的问题不仅仅是玩游戏的时间过长，还有玩的过程中达到的浑然忘我的境界。他的父母说他玩起来就忘乎所以，全然没有时间概念，而且他们和他说话时，也感觉他心不在焉。

——达琳医生

电子设备以前所未有的高调姿态闯入孩子们的生活中，常常阻碍人际交往。只要孩子们一有空闲时间，第一个想到的就是用电子设备来消遣。这种现象已是随处可见——购物车里、汽车上、在餐厅等位的孩子无不在利用手持电子游戏机、智能手机或是平板电脑打发时间。

今天的孩子已经无法耐心等待。电子产品与即刻满足一代的生活方式成为绝配，因为它们能够及时提供令人振奋的反馈，却剥夺了人与人之间正常交流的机会。当他们专注于手中的电子设备时，就不会进行目光交流、不屑参与讨论或者无暇与他人保持联系。

电子游戏

家长常常对我们坦言，他们不反对孩子玩电子游戏，因为它不仅能让孩子"放松"，还能鼓励孩子一个人玩。事实上，电子游戏是家长最常咨询的问题之一。孩子玩第一人称射击游戏有无大碍？网游是否安全？什么样的限制比较合理？玩多久比较合适？研究显示，今天孩子玩电子游戏的时间是阅读时间的两倍。

坦白说，这件事不能一概而论，但接下来我们会重点讨论一些最关键的问题，包括玩多长时间比较合适，哪种类型的游戏适合孩子玩，以及如何看待网游。我们提供方案的中心思想是掌握平衡。下面是一个家庭制订的帮孩子维持平衡的计划。

> 曾经与我合作过的一个家庭想出了一种极具创意的方法来决定孩子玩手机游戏的时间长短。他们把它称为"晋级"，同时也是一种制定目标的方式。孩子们在每一个游戏中设定他们希望达到的级别、成绩或是排名，然后为完成目标限定时间。如果完成任务，就能赢得额外的游戏时间，但如果在规定的合理时间内无法"晋级"，就必须立刻停止。当电子游戏被当作达到目的的手段，而不是逃避现实的出口时，就需要被另眼相看了。这不失为一个教孩子设定合理目标、享受丰收喜悦的好方法，还能把单纯的人机互动与社会责任重新联系到一起。看到家长们创造新方法寓教于乐（比如说在电子游戏方面），我总是很开心。
>
> ——罗恩医生

玩多长时间比较合适?

当家长问及孩子玩电子游戏的合理时长时,我们首先考虑的就是孩子平时怎样分配时间。"如果孩子不玩电子游戏,他会做什么呢?"正如你所料,当看到周围的孩子在车道上练投篮或是在附近的公园踢球时,我们往往认为这有利于孩子的身体健康和人际交往。在与朋友自由玩耍时,他们能够得到各种锻炼。偶尔错过这样的机会不是问题,但当它成为一种常态时,孩子在今后的人生道路中就会频频受阻。我们从第 5 章中了解到,如果孩子无法经常锻炼,就会丧失这些技能,大脑的执行功能也无从发展。

当电子游戏成为一种逃避手段,用以缓解与他人交往的压力时,问题就出现了。尤其在不善社交和与同龄人玩耍的孩子眼中,电子游戏更是魅力无穷。我们发现感到社交焦虑的孩子更容易泥足深陷,因为电子游戏的环境中几乎没有社交礼仪的束缚,能让他们感到轻松。电子游戏带来的这种短暂的解脱可能会成为恶性循环的开始,原本来自社交束缚的疏离感通过游戏世界的隐匿性得以排解。这种逃离现实的感觉让他们尝到了甜头,由此进入无穷无尽、周而复始的模式当中。

电子游戏的紧张刺激让孩子们欲罢不能,尤其是对那些不善于与同伴交流的孩子而言。对于一些孩子来说,能够把烦心事暂时抛诸脑后几个小时简直是求之不得。比如说,在不善言辞和交往的孩子眼中,一天在学校的六七个小时简直是度日如年,无尽的焦虑和繁重的课业让他们对逃避一切的机会心驰神往。而另一些孩子看重的则是游戏中能够令他们心潮澎湃、欣喜若狂的动作、音效和节奏。无论哪种原因,带来的结果都是孩子沉迷游戏,无法自拔。当家长看到孩子眼里只有游戏，对于停止命令勃然大怒、暴跳如雷时，就应该知道问题已经不小了。这种反应就是在向家长亮红灯，让家长警觉——孩子已经和社交圈子脱节，需要受到干预了。

这一代孩子对即刻满足的需求极为迫切，根本等不到第二天再过关升级，有些游戏也的确没有暂停键，导致孩子晚些时候来玩时不得不再从头开始。他们此时此刻一门心思要晋级，如果有谁拦着路，他们顿时就会火冒三丈。家长看在眼里，急在心里。不仅因为孩子急于求成的心态，更是因为他们没日没夜地玩游戏。把游戏当作消遣解压的方式无可厚非，但如果单纯是为逃避现实，就得引起重视了。如果孩子出现以下情况，家长应该知道是时候对玩电子游戏制定规则、设定限制了：

· 别人再三要求，也停不下来。
· 全神贯注到别人和他说话也无动于衷。
· 依依不舍地离开游戏。

当考虑玩多长时间比较合适时，一个同样需要关注的问题是电子游戏世界的社交背景（换言之，"还有谁也在玩？"）：有一群孩子聚在一起进行比赛吗？是否有几个孩子来家里和你的孩子一起玩？这个游戏是否让孩子接触到外界或是和来自世界各地的陌生人一起玩？这些问题有助于我们进一步搜集相关信息，以便向家长做出有效的答复。在我们的社区，有那么10—15个孩子常常约定在某个人家的车库进行对决。有一天晚上，他们把4台电视机连接在一起，将16个人分成两组，同时玩一个游戏，进行比拼。这是电子游戏发挥正面作用的情况，因为它促进了面对面交流，没有切断孩子与真实世界的联系。

电子游戏也是一种练习互动和交流的方式。我们相信练习的作用。独自遁入电子游戏不是练习，但和朋友一起玩就另当别论了。对于具有社交焦虑的孩子而言，让他们去邻居家的车库和其他 10 个孩子一起玩有点强人所难，但完全可以只邀请一个朋友来家里玩电子游戏，吃巧克力曲奇，这样做能同时满足家长和孩子的不同需求。当电子游戏成为孩子们一起玩的"内容"时，就与其他集体游戏毫无二致了——不过是电子版的棋盘游戏。只有当电子游戏让孩子封闭在自己的世界里时，它才有百害而无一利。

利用电子游戏促进人际交往

如果你认为自己的儿子或女儿独自玩电子游戏的时间过长，可以参照以下做法。

· 设定玩电子游戏的时间限制（一周哪几天以及一天几小时），但要在孩子取得好成绩、态度良好、积极与人交往、与家人共度欢乐时光或是参加志愿活动后，奖励他一些额外的游戏时间（依个人情况而定）。这不仅能鼓励他们做符合你心意的事，还能减少因时间限制产生的争执。开始时规定的时间短一点，留出你能够接受的余量。

· 让孩子邀请其他孩子来家里一起玩，这样能够强化计划组织和社交沟通的能力，目的是把玩电子游戏从消极遁世的行为转变为一场社交活动。

把电子设备放置在客厅一类公共空间里的目的是让孩子走出自己的房间玩游戏，或者不让他把自己封闭在与人隔绝的空间。在单独封闭的环境中，暴力、污言秽语和社会孤立往往会升级加倍。留意观察你的孩子和他们的朋友都在玩些什么，以及游戏中有哪些内容。仅仅是你在他们眼前晃来晃去，就足以打扰他们玩游戏的雅兴，这样的话，他们会自觉降低玩游戏的时间。

在线游戏

与电子游戏相关的另一个重要问题是网上交友。一些网络游戏的形式是来自世界各地的玩家共同玩一个游戏或是组队进行挑战，也就是我们常说的"大型多人在线游戏"（MMOG）。和这些在线玩家交朋友很正常，尤其是当他们志趣相投时。形单影只地坐在电视机或游戏屏幕前的孩子也许正在通过耳麦与来自世界各个角落的人交流呢。

由于小的时候这种东西还没有问世（我们确实有过笔友），很多家长很难把网友当作"真正的"朋友。从很多方面来看，技术能够让人们轻松逃离现实世界的纷繁复杂。但是，通过网络游戏与朋友打交道不失为锻炼沟通、协商和计划能力的好方法，而这些技能完全可以挪用到现实的人际交往当中。一项由希拉里·巴夫·格林伍德(Hilary Buff Greenwood)进行的研究发现，对于用传统方式结交朋友、保持关系感到吃力的孩子而言，结交网友时畏葸不前、局促不安的情况很少出现。她的研究结果提醒我们承认孩子有朋友（哪怕只是网友），也比没有强。知己的作用不言而喻，如果很难与身边的人做朋友，那么有个网友也可以让人感到舒服，并相信自己不是个异类。

什么样的朋友才算是最好的朋友呢？简言之，就是一个与你志同道合、形影不离的人。如果一个电子游戏能够打开社交焦虑的孩子网上交流的通道，同时锻炼某方面的社交技能，那我们就该对这种工具刮目相看了。

记住，当我们向家长提供建议时，总是围绕着平衡这一核心思想。网上交友也不例外。家长需要对网络游戏无法取代现实生活中的人际交往这一事实了然于心。所以，网络友谊只是对交友的初步练习，孩子甚至可以借此在短时间内得心应手地保持友谊，但终归还是要向处理更为现实的人际关系迈进。

严密监控网友

要早早为孩子敲响网络安全的警钟。随着孩子上网时间的延长，他们在网上交到新"朋友"的概率也随之增加，并不是每个人都能坦白自己的真实身份，这一点我们也心知肚明。作为父母，一定要明察秋毫，时不时询问孩子结交网友的情况。

·查找家规中有无涉及网上信息分享的内容，并且查看孩子分享了哪些个人信息。孩子只能分享名字（很多孩子只是用网名）、住所的笼统范围（南加州、纽约、罗马等

等）。他们需要谨记，万万不能透露自己的姓、家庭住
址、电话号码或他们常去的地方。

· 询问他们与新网友是如何"认识"的，了解对方的哪些方
面以及了解的方式。

· 我们建议家长浏览孩子在网上的个人资料以及他可能已
经发布的照片。最好告诉孩子你会随时检查。如果有任
何可疑或是不正常的内容，你需要深入了解来判断孩
子能否与某个人继续"做朋友"。娱乐软件分级委员会
（ESRB）在其网站上发布了游戏分级指南，为忧心忡忡
的家长提供帮助。

　　一种检查孩子的"朋友"的方法是与孩子达成协议：在
他们玩游戏时你可以随时随地通过耳机监听——只要你认为
有必要。不要说话，只是默默观察，这样做就够了，让他
认识到出于安全的考虑，你很重视他的网络活动，并且向
你保证他了解这些家规，不会违反。

哪种类型的游戏适合他们？

　　为孩子合理使用电子游戏制定规则时，需要考虑游戏类型。现
在有大量的游戏鼓励孩子锻炼身体、坚持运动——比如说，与任天
堂 Wii 游戏机配套的《Wii 体育》（*Wii Sports*）和《舞力全开：儿童
版 2》（*Just Dance Kids 2*）这类互动式游戏比一动不动窝在沙发里
玩的游戏要好很多。事实上，看到孩子在玩电子游戏时也能满头大

汗，家长会感到欣慰。

为孩子选择适合他的电子游戏时，应该参考由娱乐软件分级委员会发布的分级指南，登录相关网站即可获取。我们可以围绕游戏分级出一本书，但最终的决定权应该在家长手中，每个家庭都需要考虑自己的底线。孩子们只是跟风，无论朋友们玩什么，他们都想玩，完全不会考虑游戏内容和适宜性。家长把关时，应该注意以下几点：

首先，游戏分级不无道理。即使你的孩子说"M"级（Mature，成熟期，适合 17 岁或以上用户）的游戏没什么大不了，你也该相信评级表。还有，不能因为他说"所有的朋友都在玩这些游戏"，你就认为自己的孩子玩玩也不会有大碍，而且孩子口中的"所有"其实只是两个而已。比如说军事或是战争模拟游戏，像是《使命召唤》（Call of Duty）系列都是对真实武器的再现，充斥着暴力、血腥、厮杀以及污言秽语。

每个孩子的表现可能各有不同。家长要时刻关注孩子是否因为玩游戏而变得更加激进。一些孩子只是在玩攻击性强的游戏时兴奋无比。虽然很多孩子不会去模仿游戏中的行为，但经家长观察，他们玩了攻击性强的游戏之后会变得更加冲动、好斗或是出言不逊。

为电子游戏设限

和生活中的很多事情一样，在孩子适当地玩游戏时，家长不必大惊小怪，但如果玩得停不下来就得另当别论了。我们推荐家长在设定合理规定时参考以下建议。

· **分清主次**：做完家庭作业和完成其他任务后才能玩电子游戏。

· **严格遵守时间**：规定玩游戏的时间限制。周一到周五上学时或晚上最好不玩，要玩也只能玩一小会儿；周末则可以延长时间。确保每个人都知道时间限制。一些孩子能够把每天玩游戏的时间控制在30分钟之内，并为这来之不易的奖励努力奋斗。但是，如果时间到了，你的孩子还是恋恋不舍，那么只允许他在周末玩会更好。

· **谨慎选择**：和孩子说清楚哪些游戏可以玩，哪些游戏禁止玩（即使"别人都在玩"）。讨论这个话题时还应讲明违反规定的后果。

如果孩子玩游戏时躲躲闪闪、背着大人，可能就有猫腻。孩子应该在家里的公共区域玩电子游戏，不能紧锁房门。玩这些游戏时没有必要强调隐私，这样也能让你看到孩子对游戏的反应，还能了解他与其他玩家的交流方式（无论是现实的还是虚拟的）。

社交网络

网站和社交媒体 app 比如 Facebook、Twitter、Instagram、Tumblr、Snapchat、Pinterest 以及种种后续可能出现的网站和 app，让网上

交流变得易如反掌。你可能以为只有青少年在用，但最新调查显示90%的3年级学生也在上网，也就是说小孩子也在劫难逃了。

关于如何使用社交网站以及适用规则的问题，仁者见仁，智者见智。如果你询问朋友和家人他们如何使用社交网络，得到的答案会是五花八门：从了解朋友、家人动态，到职场联络，再到窥探名人八卦。最基本的用途则是娱乐、与他人保持联系，甚至还有发布派对邀请或是特殊通知这样的信息。然而，社交媒体在促成儿童和青少年即刻达成愿望的同时，却不知不觉地将他们置于泄露身份或是更严重的潜在危险中。

社交网站上的"朋友"究竟是何许人也？

很多儿童和青少年用社交网络关注朋友的所作所为（再与自己的做比较）、交流自己的所思所想、展示自己的日常活动，以及结交新朋友。从很多层面来看，它都已成为社交和情绪状态的衡量标准（就像是第6章讨论的用GPA来测量智商一样），但其实是一种极具误导性的交流方式。

社交网站上的帖子与现实相去甚远。发布的动态或照片常常不是真实的自我展现，而是极力打造出的别人眼中的自己。由此可见，一个人在社交网络上的个人信息和活动都像是电视真人秀节目——他是真实的自己，但言行却是为观众做出的表演。如果他看到同伴发出了参加派对的帖子，自己却没有接到邀请，就会觉得自己受到冷落并心生不悦。我们常常听到这样的话："每个人都收到了邀请，就我没有。"而事实上只是他的3个朋友聚在一起玩而已。当帖子发布在他所活跃的圈子里时，看上去就像"所有人"。这种获取信息的方式容易让即刻满足的一代人捕风捉影，在没有搞清状况前就草率下定论。和手机短信一样，等待回复的心情越急切，误读的概率就越高，接收者等不及获得完整信息就有所行动，做出回复或是产生情绪波动。

社交媒体网站上另一种迷惑性极强的信息是一个人在自己网页上拥有的朋友或是联系人的数量。当一个十几岁的孩子和我们说起社交网站上遇到的朋友时，很有可能那个人根本不是他的朋友，而是朋友的朋友的朋友，只是和这个孩子认识同一个人罢了，但他会与各路所谓的朋友展开对话。

孩子：那个孩子是我 Facebook 上的朋友。

家长：需要过去打招呼吗？

孩子：不了，我们其实不算朋友，我和他不熟——只是 Facebook 上的朋友。

由此可见，孩子将朋友与泛泛之交或是电脑屏幕上闪烁的名字混为一谈。

这一代孩子都在争先恐后地不停添加朋友和联系人，把这当作身份的象征。他们想让别人认为自己有很多朋友，这会让网友觉得自己人缘好、人气旺。另外一个原因是他们的联系人越多，他们可看的内容就越多，可以随时用来打发空闲时间。由于信息会在庞大的交友圈散播，帖子刚发布，各种评论就可能蜂拥而至。如果一个人在 Facebook 上发了张照片或是更新了状态，就会时不时地去看有谁留了言或是点了"赞"。如果没有得到他内心所期盼的评论，就会开始猜疑自己是否不受欢迎。比如，一个十几岁的女孩说："我发了两次帖，简都没有评论，所以我估计她生气了。"她没想着给简打电话，或是当面找简问清楚。这个女孩仅凭社交网站上脱离实际、似是而非的信息就做出了现实生活中的判断，然后根据自己的主观猜测意气用事。如果某个朋友没有及时评论，他们就会妄下论断。这种线下的人际交往受控于线上社交网络的现象已是屡见不鲜。与虚拟世界的习惯性连接让孩子对自己的与世隔绝不以为然。

不要漫无目的地浏览社交网站

如果网络社交成为孩子与人交流的主要方式，你就得想办法限制他的上网时间了。用社交网络商量见面时间、地点或许是一个不错的选择。但当它成为人际关系的支撑和基础时，我们就建议你引导孩子敬而远之了。每天浏览自己的社交网站可能只需要10—15分钟，那么可以规定每天花费在社交网络上的时间不得超过15分钟，以此为基础，根据孩子在线下参加社交活动的表现，适当奖励他使用手机或电脑社交的时间，就不会让他出现过度沉迷于虚拟世界人际交往的情况。

社交网络中无隐私

社交网络与很多孩子的心理舒适区很契合：电子化、刺激、及时、便利。你不需要与人见面、梳妆打扮，甚至无须从自己的沙发起身就能交流。问题是网络上的一切都发生得太快，未经思考的发帖和回复比比皆是。一旦有帖子发布，就无法抹去它的痕迹了。即使你再回过头去删除，也无法控制看到它的人，也对他们对此所做的事情无能为力（比如截屏）。如果名人无意间发出一条有损形象的帖子或者评论，经纪人看到后会在第一时间迅速撤回。但覆水难收，一旦发出去，局面就无法控制了。儿童和青少年也难逃此劫，他们也常常使用社交网络抒发一时的激动情绪。看看一个前来咨询的 14 岁孩子发出的这条帖子：

> "致我所有虚情假意的朋友：如果你不能真心实意做朋友，而且清楚自己是谁，就请把我从朋友圈中删除，因为如果你不这样做，我无论如何都会删除你！"

那天晚上这个女孩收到两个朋友表示关心的信息，也表明了与她做朋友的诚意。但是，第二天照常到校后却发现很多人都躲着她，还给她脸色看。因为和两个人发生小摩擦后撰写的帖子，却被她的 400 多个网友以及他们的朋友看在眼里。这只是冰山一角，类似的例子数不胜数。今天很多儿童和青少年无法克制自己的冲动，还来不及考虑某些帖子该不该发，就已经发出去了——他们发帖时全然不顾可能引起的深远影响。

不仅有不认识的同龄人会看到他们发出的内容，还有一伙专门搜集个人信息的居心叵测的人。广告商通过你的帖子判断应该向你推销哪类商品。公司老板通过你的帖子看你是否可信和专业。社交网络本身也在收集你所有的照片以便日后使用，而不需要征得你的同意或获得你的许可。最令人毛骨悚然的是，有一些犯罪分子和偷窥狂正在网上监控你的动向，一有可乘之机就会下手。应该教会孩子发帖之前三思而后行，斟酌发帖内容和地点。

值得一试

当你认为孩子注册第一个社交网站的时机已经成熟，应该考虑做以下工作：

· 如果你的孩子在使用 Instagram、Twitter、Tumblr 或是 Facebook 等类似社交网站，你也应该注册一个账号，以便熟悉这个网站，了解它的使用方式。在这种情况下，无知不是福。

· 无论孩子处在哪个年龄段，你都应该和他一起注册账号，知道他的用户名和密码，还应获得管理员权限。你应该定期检查密码是否有过改动或更新。有了这两条信息，你就能够对整个账户了如指掌了。

· 孩子们注册社交网站时不需要征得父母的同意，只需要打钩表示自己已经符合规定年龄就可以成功注册。所以家长一定要掌握孩子的动向，才能知道如何关注孩子和询问信息。

· 家长在使用之初应该选择网站提供的最森严的安全等级，它们能够严格限制与孩子交流的人群以及分享的个人信息。

· 无论孩子多大，或是多么不情愿，你都要让他们加你为好友。记住，社交网络无隐私，当孩子知道你是他朋友圈中的一员时，会对即将发出的内容考虑再三。点评他们的网上行为很重要，表扬内容健康的帖子，引导他们辨别哪些内容不适合发布。

· 务必让孩子在征求你的同意之后再发布照片。经你把关，那些由于一时冲动而撰写的帖子就无缘问世，孩子日后也不必后悔莫及。这样做几次之后，孩子发照片时，就能更好地把握你的要求了。当你认为他们已经证明了自己有能力做出恰当的选择时，可以减少对他们的干预，从而让他们产生一种责任感。

很多学校都开办了免费的家长课堂，邀请专人讲解社交媒体的安全问题。这能为家长提供大量的有用信息，要知道每隔几个月，新的网站就会层出不穷地涌现，家长必须与时俱进。

电视

家长：罗恩医生，给你讲一件我 4 岁儿子的趣事。他特别喜欢看某个电影而且基本每天都看，但他害怕河豚的镜头。当河豚快出现时，他就神色慌张。因此，他学会了用遥控器，每次看到那一部分时就按快进键。我们常常开玩笑说，遥控器比玩具还好玩。自从知道怎么用后，他看电影时遥控器就从不离手。你怎么看待这个现象？

美国儿童和青少年精神病学会在 2011 年时发布报告说，孩子每天平均看 4 小时电视。也就是说一周看 28 小时，一年几乎看 1500 个小时。让我们来正确看待这个问题，即美国孩子一年看电视的时间几乎是听老师讲课时间（平均 782 小时）的两倍。按照这个数值来计算，等普通人活到 40 岁时，他看电视的时间已经超过 6 年。孩子们还把大量时间花在玩电子游戏上。一项研究显示 8—18 岁的孩子平均每天使用娱乐媒体的时间长达 7 小时 38 分，一周超过 53 小时。培养决策制定和判断推理能力的时间因此大幅度缩水。

电视在我们的生活中扮演举足轻重的作用。有了今天有线电视的点播节目和 DVR（数字视频录像机）技术，无论何时，我们想看什么就能看什么，还能跳过孩子不喜欢的部分。不久前，我们必须设置好 VCR 录节目。而在那之前不久，我们必须在节目放映时坐在电视机前。如果一部好看的片子要在周日晚上 8 点钟上映，规划安排的过程必不可少，要确保每个人都在家、做好看新一集的准备。现场直播的电视节目无法倒退或是暂停。这似乎有点不可思议，但却能够由此看出时间管理、计划组织和区分主次是日常生活中不可或缺的成分。换言之，高科技的缺席能为错误百出、沮丧失落以及吸取教训提供机会。

有了电视，今天的家长和孩子很早就尝到了愿望即刻满足的甜头。用电视去吸引婴儿和蹒跚学步的小孩的注意力的做法已经屡见不鲜。事实上，有些节目打着专为一岁以下孩子制作的旗号，比如"小小爱因斯坦"（Baby Einstein）系列视频以及其他类似节目，大肆渲染让婴儿观看或收听的好处。强大无比的广告威力甚至会让没有给孩子播放这些节目的家长深感内疚。婴儿和幼童很快就能看出只要他们要求，家长可以开始、终止、倒回、暂停以及重放电视及视频节目，无须等待。他们心里也很清楚，只要自己做出某种姿态或举动，家长就会乖乖就范。这也成了婴儿和幼童手中的王牌，于是在成长的过程中，他们会自然而然地认为很多事情都可以通过这种方式解决。

再强调一遍，我们不是要摒弃这些便利。但这是高科技剥夺孩子日常宝贵学习机会的又一个例子。我们当然要享受技术带来的快捷和利好，但同时也要注意为孩子提供其他学习机会，让他们学会忍耐和解决问题。

陪孩子一起看电视

电视和我们在这一章中讨论过的其他技术很相似。作为现代化的产物，它的问世无可厚非，但当它成为一种逃避责任或是消极遁世的方式时，就会阻碍正常的社交能力的发展。为此我们提出以下建议：

· 孩子的房间不要放电视机，它只能让孩子更加孤僻，从整个家庭中分离出去。如果电视机摆放在公共区域，你还可以监督播放的内容是否适宜。

· 为看电视设置家庭规则和观看时间。

· 组织全家人观看电视的活动。这些活动可以是一起看电影、演出表演或是特殊事件（橄榄球比赛、颁奖典礼以及探索频道的一系列节目），重点是全家人的参与。通过精心规划组织，可以把它变为一段美妙绝伦的家庭时光。

· 现在有很多教育类的电视节目能够让孩子受益匪浅。所以家长应该带头观看自然、历史或探险类节目。现在的电视节目都很吸引人眼球，孩子也能在不知不觉中获益良多。《流言终结者》（*Myth Busters*）是我们全家的最爱。

请孩子讲讲自己看到和学到了什么。吃饭时间最适合展开讨论，可以有意识地让孩子掌握话语主动权。"我看到你看了一部关于火山喷发的节目，我都不太懂。它们是怎么发生的呢？"或"我想知道离我们最近的火山有多远，电视里讲到了吗？"这会鼓励孩子积极"思考"他们观看的内容。你还可以找机会把这些家庭活动与他们在学校学到的知识联系起来。

技术本身不是问题。但是，当电子设备剥夺了孩子成长或学习技能的机会时，就得引起我们的关注了。如果技术的魔杖落入一个冲动或是焦虑的孩子之手，后果将不堪设想。如果你连看广告的耐心都没有，又怎么能专心听课？最后，年少时不开动脑筋的孩子上了大学，当他们不得不自己解决问题时会处于什么样的境地呢？

要认识到，我们常常会为了贪图一时享乐，而忽略长远影响。当你打电话时，你可以用电子产品哄乖一个哭闹的孩子，或提醒他按时回家吃饭。无论在上述哪种情况下，享用技术带来的便利都是合情合理的。但当它成为一种惯例或心理预期之日，就是技术依赖症产生之时。

总结

问题

技术为我们带来了极大的便利，功不可没。因此，这一代孩子眼里只有每一个愿望能够即刻实现的世界。

陷阱

我们发现自己置身于一个技术可以解千愁的时代。答案能够在瞬间获取，路线查找只需动动手指，海量信息、数据和媒介应有尽有。由于孩子认为费心费力纯属多此一举，因而不会主动锻炼独立思考和解决问题的能力，陷阱由此出现。如果你在眨眼间就能从网上获取地球的周长，就没有费心回忆的动力了。

改变策略

趋利避害，让技术为孩子实现梦想提供一臂之力。教会他们驾驭技术为己所用，使其成为成长过程中的华丽乐章。

·从一开始就留意孩子身上出现的依赖技术的苗头。也许你不让他们看自己想看的视频，他们就会大哭不止；也许不用电子设备安抚，他们就睡不着觉。当这种现象出现时，家长就需要及时改弦更张，让他们学习等待或是自我安抚了；稍大一点的孩子也不例外。看看他们是否一有空闲时间，就坐在屏幕前不离开。

· 让孩子通过自己的努力换取新的电子设备，比如电子游戏或手机。这种成就感会让他们信心倍增、干劲十足。

· 了解他们的网上活动，并告诉他们你时刻都在关注他们。

· 在社交网络上与他们互动。

· 请他们教会你使用新技术或是他们常在网上做的事，摆出兴趣盎然和渴望交流的姿态。

从一开始就对电子设备的使用做出明文规定并设立限制条件。你的规定可以是如果第二天要上学，晚上则不能玩游戏或是坐在桌旁时不准看手机。无论协议如何，严格执行是关键。

第 9 章

体育运动不仅有趣味性

我们的一个朋友曾经指导过一个小型棒球队，队员都是11岁的孩子。一个赛季延续大约4个月之久，其间有超过25场比赛。这个队在赛季快结束时闯入了联赛决赛，得意扬扬地捧回了第2名的奖品，满载而归。赛季结束后几星期，一个家长联系了教练，问他是否可以来取儿子的奖品。教练回忆了半天才记起这个孩子，因为他只参加了4场比赛就因"讨厌棒球"退出了。3个月以来，他没有参加过一次训练，也错过了最后20多场比赛，但家长却以为孩子退出球队后，仍然有资格获得联赛奖品。

——罗恩医生

　　曾几何时，孩子们苦苦央求父母让他们参加有组织的体育活动。今时却已不同往日。家长没有与孩子商量或是征求他们的意见，就一厢情愿地替他们报名参加体育活动。年年参加球队训练的孩子不在少数，无论他们是否情愿。很多家长都在"选购教练"——这是指他们想尽各种办法给孩子找最好的教练，和朋友一起参加球队训练。为了让孩子从赛季中感受到胜利的喜悦，家长不惜花重金为孩子购买最好的装备、将他送入赢率高的队伍并要求给自己孩子安排一个受欢迎的角色。因此孩子无从学习如何全力以赴、设定目标以及与人沟通。家长这样做，就是不偏不倚地落入了即刻满足一代人的陷阱。在前几章中，我们谈到很多家长都在奋力把孩子从学校里的种种难题中解救出来，其实家长在运动领域的过度参与也同样会产生不良影响。家长进行这些干预的初衷是保护孩子不受变幻莫测的情况影响，实则剥夺了他们增强适应性和战胜困难的机会。

孩子为什么要进行体育活动？

> 有一次在青年足球联赛中，我朋友指导的 10 岁孩子的球队在争夺冠军的比赛中输给了对手。孩子们都赢得了奖牌，绽放出灿烂的笑容。家长与孩子热烈拥抱，商量着开比萨派对庆祝。我向教练提出质疑，说这哪像是刚刚输了比赛的球队。他解释说这是孩子们在这一季联赛中表现最好的一场球赛，超乎了他们的想象。对于他们来说，这无异于大获全胜，每个人都为孩子们超水平的发挥感到骄傲。

> ——罗恩医生

与老师、管理者和家长强调的一样，我们采访的教练也认为应变能力、勤奋刻苦和社交技能对于大人与孩子而言，都属于成功的潜质。他们的报告中显示，"孜孜不倦""勤奋刻苦""纵观全局的能力"是成功运动员的重要品质。

孩子们常常从教练口中听到勤奋刻苦、坚持练习、团队合作以及奉献精神一类的词，早就已经对这些概念耳熟能详了，所以在练习这些"安身立命"的技能时便可以乐在其中、有所长进。当我们看到定期锻炼不仅能够强身健体,还有很多其他功效时,就能认识到竞技运动是一段健康快乐的童年生活中不可或缺的一部分。

每次我们的孩子与其他孩子相聚时,就是在学习交朋友、维持友谊、共同玩耍、交流沟通以及掌握很多安身立命的技能。体育运动能够恰如其分地满足这些需求。玩是大多数孩子的天性。但是,能够与他人开心地玩却需要更多锻炼。让孩子进行一些有组织的活动,就是在童年早期为他们提供锻炼这种技能的绝佳机会。

尽管体育运动在教育孩子勤学苦练、坚持不懈方面功不可没,但只有得到家长的全力支持时才能发挥作用。如果一个家长批评教练,抱怨训练时间,或是在孩子没有参加赛季中的比赛时为他索取奖励,就是在阻碍他领会教练试图传达给队员的精神。当家长插足策划这段经历,相比较于孩子自主奋力追求成功而言,孩子参加体育运动的收益就会大打折扣,因为他会觉得这是家长的功劳,和自己没太大关系。

团队合作

在团队中训练时,孩子能获得很多在其他地方无法遇到的技能学习良机。团队要求你在和大家朝着同一目标奋斗时,也设身处地为他人着想。"众人拾柴火焰高"的理念就是对我们所说的团队合作的精辟概括。关于团队齐心协力的隐喻也被应用于其他很多场合。

家长与教练联手,就能成为支持团队合作的有力后盾。体育团队当中穿插着不少社交难题,队友之间的竞争、拉帮结派、中听和不中听的玩笑时有发生。尽管类似的事情也会发生在其他场合,但体育队伍却具有教练这个几乎不离场的见证人。当家长得知孩子与某个队员发生纠纷时，可能会草率下结论，联系对方的家长并向教练告状。家长会不由自主地这样做，因为这是遇到问题的第一反应，但这无法教会孩子自己处理事情，反而可能越帮越忙、招致更多问题。家长的第二种选择是私下找教练了解情况，然后根据教练提供的信息，鼓励孩子找教练商量，寻求一些解决之道。比起之前迅速但低效的方法，这一不同的做法可以教会孩子三思而后行。

勤学苦练

勤学苦练是青少年体育中的重要一课。就像老师们督促孩子们每天在课堂上和回到家后都要坚持阅读一样，教练对于自己的队员也有同样的要求。棒球教练可能会让孩子们练习扔球、接球以及挥动球拍。在固定训练时段以外仍然坚持每天练习的孩子，比回到家根本不练习的孩子学得要快。在孩子们感到阅读水平随着阅读量的增多而提升后，又看到扔、接、射、踢的技术也由于练习而有所进步，他们就能深刻地理解一个道理：天道酬勤。因为练习是团队训练的一部分，所以也就成了顺理成章的事。很少有孩子去问教练："我们为什么要练习？就不能直接开始吗？"因为他们知道答案，不需要别人再解释；他们对球队每次练习之后取得的进步深有体会。孩子们需要不断强化"天道酬勤"的理念，将此烂熟于心，同时加上自己的亲身经历，这样他们日后直面各种艰难险阻时就史轻车熟路了。

这是即刻满足一代孩子不能不学的道理。在体育运动方面一蹴而就的概率几乎为零。我们会在本章的后半部分详细论述。

人际交往

体育运动的另一大组成部分是人际交往。孩子们练习沟通交流的机会应该是多多益善的，参加体育活动能为孩子们创造更多新机会。首先，听从教练的指挥对小孩子来说是一种全新的体验。他们习惯了听从家长和老师的指令，但这些是他们每天不得不与之打交道的成人。可听教练（一个全新的权威人物）的教导，就截然不同了，需要慢慢适应。教练常常有严格的规定，总是强调安全第一，管教方式与老师和家长也略有不同。

很多与小孩子打过交道的年轻教练深知五六岁的孩子参加训练的目的只是培养对体育锻炼和有组织的体育活动的兴趣，但是随着孩子逐渐长大，教练的和颜悦色就一去不复返了。

教练的目标明确：在激发队员的兴趣和培养集体荣誉感的同时，提高他们的技能。教练在训练和比赛的过程中不断与队员交流。比起普通家长，他们对孩子可能更加严苛，但最值得我们庆幸的是教练和队员之间独一无二的交流方式：没有电子设备的阻隔。只有基本的口头交流，辅之以非言语暗示。教练在训练时不会给球员发短信、邮件或是即时信息。他们总是耳提面命，并亲自做出示范。

孩子应该从什么时候开始参加有组织的体育活动？

你可能会对每年有 3500 万 5 岁大的儿童参加有组织的体育活动这一事实惊叹不已。孩子们的入门时间越来越早、训练频率越来越高似乎已经成为一种趋势，这些超出了我们的想象。我们可以根据孩子的参加年龄将青少年体育训练分为 4 个阶段。在本章中，我们把它们称为幼童、儿童、初中和高中体育阶段。

幼童体育阶段

这个阶段的体育活动常常开始于 5 岁左右或上幼儿园期间。这个年龄段的大型团队体育活动有足球、儿童棒球和垒球。在这一阶段，联盟和教练会和队员打成一片，因为他们的目标很明确，就是让孩子尝试某一项运动，并延续对它的热爱。这一阶段的比拼或是竞赛大多以玩为主，没有哪个联盟在正儿八经地计分。事实上，进行对抗的两个队在回家时都有大获全胜的感觉，这就够了。此时的宗旨就是学点最基本的东西，开心就好；教练甚至还会常常帮助对方的球队。

通过参加体育活动学到的技能可能会影响孩子的一生，我们说的不只是踢踢球或扔扔球而已。当一个小孩子认识到勤能补拙时，就有可能把这一体会拓展到体育之外。此刻正值孩子即将入学、培养学习习惯之际，能够有此感悟，可谓适逢其会。对没有多少机会认清勤劳、苦练和纪律的重要性的一代年轻人而言，在这个年龄开始的体育锻炼为他们提供了与这些概念交锋的机会。

儿童体育阶段

8 岁—12 岁（3—6 年级）的孩子最好被划分到这一阶段。与幼童体育阶段相比，它发生了质的变化。其中最重要的一个转变是更多的体育项目向该年龄段的孩子大开绿灯，他们可以开展一些重要的体育活动——比如橄榄球、长曲棍球、排球、曲棍球、水球以及篮球，他们对此兴致勃勃，因而竞争也就更为激烈。

在此阶段，竞技的一个显著变化是教练会组织不同的球队进行比赛。"只要参与，人人有奖"已经不复存在，队与队之间有约在先，会不徇私情地切磋技艺。训练强度有所提升，教练开始提高对孩子们的要求。此刻也是孩子们重新认识自己的好机会。这一阶段的运动需要耐心和计划，对于易冲动、不专心的一代孩子来说，它们都是难得的技能。如果你想有某项特长，需要了解它并为最终的成功而奋斗。在体育方面，这就意味着具有前瞻性并做出相应计划。要做到这一点，必须注重细节，为他人考虑并且积极主动。因为这一代人在日常生活中缺乏锻炼这些技能的机会，参加体育活动就成了一剂补救良方。

先试试

当孩子到了开始进行青少年体育运动的年龄，家长总能找出各种理由不给他们报名。最常见的理由之一是报名参加联盟意味着要付出大量的时间和金钱，还可能吃力不讨好。为了解决这一问题，我们建议先参加体育露营活动（比如通过当地的健身中心），在第一次报名参加球队之前了解比赛规则、基本要素、装备要求以及相应费用。这样做可以大大降低成本。如果孩子喜欢这项运动，自己下决心参加一次训练，就能为此奠定良好的技能基础，从而提高自信。

初中体育阶段

当孩子到了十二三岁时（大概是在初中期间），青少年体育运动就会开启一个新阶段。很多对体育有兴趣的孩子不是已经加入了某个联盟，就是在摩拳擦掌了。即使某项运动不招收青少年，很多孩子也会在家（或是和朋友一起）练一些基本功。

到了初中阶段，很多能力强的队员会转入竞技性联盟，他们很清楚，娱乐性联盟中的队员水平参差不齐。到了这个年龄，孩子差不多该从小学升初中了，参加球队可以拓展孩子的社交。这也是孩子们开始学习多任务管理（比如家庭作业、社交活动以及团队承诺）的难得时机。

高中体育阶段

参加高中体育队的确能让人受益匪浅，因为这时的竞争往往很激烈。很多运动队里的孩子都已经为此坚持训练了10年之久。那些从未参加过体育训练或是仍无心仪项目的孩子也有大把的机会。一些运动队在招收学员方面未设任何门槛——不要求有一定的技能水平或是有几年的经验。比如，高一橄榄球队常常对报名的所有男孩来者不拒。除此以外，其他一些运动，比如田径、越野跑、游泳和跳水更是对每一个人都敞开怀抱，因为他们能够容纳庞大的队伍。

家长也要尽义务

即使参加体育队的只是孩子，作为家长，你也有应尽的义务。我们承认帮助和越俎代庖只有一线之隔。以下是对每个运动阶段家长职责的建议。

幼童体育阶段

首要任务是让孩子吃饱后带齐装备和水准时参加训练和比赛。活动结束后，不要对他的不足指指点点，而应该对他的优点赞不绝口，常常把为他感到骄傲挂在嘴边。这时的目的就是延续孩子对体育运动的热情。

儿童体育阶段

这个阶段的孩子确实需要时间练习自己所选项目的基本技能。作为家长，你完全可以提醒孩子该去和朋友们一起练习了，要是你有能力，也可以主动要求陪他练习。给练习增添一点趣味性，让小运动员认识到技能提升和参加训练之间的关系。再强调一遍，练习之后总体上要给予孩子正面评价，当然也应该直言不讳地指出孩子下一次需要完善哪些基本动作。

初中体育阶段

这时的关注点应该是孩子对某项运动的兴趣和上进心。如果孩子需要你的帮助，你就应该义不容辞地投入大量时间和精力帮他取得进步。

高中体育阶段

家长的任务与之前有了很大区别。当孩子需要你的帮助或协助时，你当然还是应该鼎力相助。但从全局考虑，你基本应该中断与教练之间的一切交流了，除非他们需要家长的支持，比如筹备资金。你应该做的只是确保孩子吃好、睡好，让他们做到学业和体育两不误。

娱乐型联盟 vs 竞技型俱乐部

　　我遇到过一个咨询如何分配运动和学习时间的家庭。他们的儿子刚上高中，正在校队参加训练。家长在网上查看了他的成绩，发现有好几门功课得了 C 和 D，之后内心的矛盾油然而生。一方面是自己对儿子的教育应该承担责任，另一方面又是儿子对团队的承诺。很明显，他们有让孩子退队的想法。我问家长他们有没有找教练谈过儿子的情况，以及了解孩子的想法，他们说没有。第二天，全家人就约了教练见面，儿子告诉教练他的成绩一塌糊涂。当他们征求教练的意见时，他建议孩子在上学前额外做一些练习，放学后再私下受训，等到全部成绩都达到 C 或以上时，再归队训练。教练不建议他随队训练，除非成绩有所提高，但也没有取消他的队员资格。家长在规避孩子退队，得罪教练和队员的风险的同时，也帮他保守了成绩低的秘密。我听说他后来无论在学习还是在运动方面，都表现出了前所未有的干劲。

——罗恩医生

在斟酌选择竞技型还是娱乐型的运动时，还需要考虑到孩子的家庭情况和学校任务。为了能让孩子在多种任务中游刃有余，家长需要考虑每个因素，而不只是孩子的个人喜好。孩子是一名出色的运动员并不意味着他就应该加入高水平联盟，尤其在时间不允许的情况下。

家长也需要自省，认真判断体育的动力源自孩子的内驱力还是家长对于该项运动的热爱（又或者家长只是一厢情愿地想让孩子加入高级球队）。一心让孩子投身于自己年轻时参加过的体育项目的家长不在少数。我们常常遇到这样的家长，在孩子还很小的时候，就让他参与自己曾经擅长的体育项目，想让父母的成功在孩子身上得到延续。这让孩子除了遵循父母的意愿外，别无选择，反而可能让妈妈或爸爸大失所望。我们希望父母放手让孩子找到他们真正的兴趣和爱好。

过犹不及

参加体育活动固然能够取得累累硕果，但也需要把握分寸。下面是一些得不偿失的征兆：

· 如果你发现自己比孩子在体育方面付出得多，就要仔细审视孩子的动机了。他是发自内心地热爱这项体育运动，因而对此热情高涨，还是迫于你的压力在应付差事？
· 如果孩子没有充足的时间和精力学习或完成家庭作业，又或是由于疲劳，做作业时草草了事，那你不妨考虑减少训练时间。

· 如果体育运动致使孩子的身体多处受伤，那你应该找他的医生或教练好好谈谈。休息一个赛季恢复身体不失为一个好方法。

　　运动应该成为一种特权，所以当孩子无视家规时，你可以考虑把体育活动与家长的要求联系起来。比如可以说："你只有定期帮我们做家务，才能参加旅行足球联盟。"

把训练孩子的任务留给教练

　　在讨论家长应该在孩子的高中体育阶段扮演什么样的角色时，一位全美知名、备受青睐的高中摔跤教练告诉我们，他要求家长全力配合教练。他常对家长说："接下来的4年，我帮你抚养孩子，因为你需要我。"他认为一名出色的教练可以用独特的方法让孩子学会坚韧不拔、全力以赴、全情投入以及遵守纪律，而家长却不能。他说如果家长能够保证让孩子吃饱睡足、分配好学习时间，就能与教练配合得最默契，就能和教练携手向着共同的目标迈进。那么教练也就能帮助家长教孩子遵守家规，承担责任，成为家中积极的一分子。

　　让孩子参加青少年体育活动的诸多益处显而易见。毫无疑问，体育有可能在孩子的生活中起到举足轻重的作用。其中一个最主要的因素是教练。教练对运动员实行高标准、严要求，与孩子的交流方式也与老师或家长不同。除此以外，作为队员敬仰的领导者和权威人士，他们能够起到威慑作用，让孩子言听计从。一名高中教练说得好："作为教练，我们说的话更有分量，因为他们要想留在队里，就必须取悦我们。"好的教练能够影响孩子的发展，出色的教练能够促进他们成长。教练的作用远不止告诉孩子在比赛中该站的位置或是如何才能把球踢得更远，它是一种随着孩子年龄的增长而不断拓宽延伸的复杂关系。教练可以成为孩子的楷模、动力、知己以及启迪者。所以，作为家长，我们应该让他们去履行职责。

很多运动员的家长对体育的投入比孩子还多，俨然一副"场外教练"的派头，还时不时和教练的言传身教唱反调。这样一来，孩子的个人活动就成了全家总动员，对孩子来说并不公平。不仅因为孩子遵循教练的指导是顺理成章的事，还因为家长的过分参与会让孩子的成就感大打折扣。即使孩子有了出色的表现，也不会认为这是自己的功劳。同样，如果在孩子面临挑战时，勤快过头的家长立刻出面解决，也会剥夺孩子自行解决问题的机会。这两种情况都阻碍了孩子的成长和自信心的树立。而且，尤其在孩子上高中时，家长如果不肯放手，就是在向孩子传递这样的信息：家长不相信他们能够独立实现目标。孩子因此认为自己在父母眼中一无是处或碌碌无为。

不只是在训练时找教练

家长有时会向我们咨询体育运动的相关问题。有时孩子会因为在运动中投入大量时间而成绩下滑或是对家长态度不好。还有时会因对团队承诺的理解不同，与家长产生分歧。

我们的第一反应常常是："你有没有问问教练的想法？"因为我们相信教练是家长的宝贵资源。

根据经验，我们建议全家人一起约见教练，让孩子开诚布公地说出问题。如果你的孩子足够成熟，还可以让他先联系教练。让孩子亲口承认自己成绩下滑、对家人不敬或是缺乏责任感可能有点强人所难，但这是一个教他与外人探讨难以启齿的问题的好机会。几乎所有教练都很看重队员的场外行为和态度。你会发现他们很乐意为你支招，帮你排忧解难。

体育运动的最大好处

在整本书中，我们花了大量笔墨讨论孩子在成长过程中需要锻炼哪些技能和能力，现在我们来看看它们将如何在体育运动中得到锻炼。

宝剑锋从磨砺出

即刻满足一代的儿童和青少年习惯了速战速决，家长很难向他们灌输不屈不挠和拼搏进取的理念，但涉及体育运动时，情况就并非如此了。

为了掌握一项运动技能，孩子们需要进行长期的训练，并接受指导。不管他的协调性如何，也不管他的速度快与慢，为了教会肌肉在某项体育活动中听他指挥，坚持不懈的练习必不可少。孩子们只能竭尽全力，没有捷径可走。

有些孩子是天生的体育健将，几乎所有项目都能很快上手。但你应该会注意到，即使是这些孩子也需要不懈努力、精益求精。事实上，为了成为球队里的精英队员，他们都在不知疲倦地坚持练习。

直接的人际交往（电子设备没戏）

我们在前几章中已经探讨过，今天的儿童和青少年主要通过电子设备进行联络，主要用短信交流。在进行体育活动时，他们必须面对面地直接交流，在不知不觉中就会关注彼此的非言语暗示，比如当他们向对方做出回应时，要注意自己说话的语气和肢体语言，才不会在惨败时有失风度。他们需要清晰地交流才能设定规则，进行比拼。运动员还需要毕恭毕敬地与教练交流。除此以外，学习如何包容同伴的错误的机会也是千金难换的。

低风险

这一代儿童和青少年习惯了一种"无论何时遇到困难都会得到拯救"的模式，因此不愿冒险，面对体育活动时也不例外。如果他们从小接触体育，那么新事物的风险对他们来说就会很低，他们也能更好地尝试不同的体育项目，找出自己的兴趣所在。

再者，孩子们第一次尝试新鲜事物时如果没有获得成就感，就很容易打退堂鼓，但加入运动队伍能让他们获得坚持到底的动力，而不会因想法动摇而轻易放弃。没有人会来拯救他们，抚平他们心中的不安，他们只能靠自己咬牙坚持。

对很多孩子而言，有时灰心丧气是在所难免的，但一两天的低落期过后，往往是柳暗花明又一村。当他们最后真正爱上这项运动时，才可能理解自己当初的冲动之选并非明智之举。这段经历还让他们认识到自己可以战胜困难，以及父母不会因为难度加大就允许他们轻言放弃。

多任务管理

参加体育活动能够给孩子提供练习多任务管理的机会。正如我们强调的那样，学校和家庭的任务应该排在第一位，完成后才能按自己的意愿添加其他活动。参加体育运动能激励他们更好地完成学校和家庭任务，因为这是他们拥有自主选择权的先决条件。

你应该时刻不忘给孩子创造增强计划组织、决策制定能力的机会，这很重要。参加体育活动是一个不可错失的良机。

如果你的孩子对体育不感兴趣怎么办？

这一章侧重于描述体育锻炼在孩子一生当中扮演的角色，以及参加有组织的体育活动的益处。但是，还有很多活动能产生同样的效果。如果你的孩子对体育不感兴趣，你可以把同样的忠告和建议用在他们自己选择的其他活动上。

·弹奏乐器需要坚持不懈地练习才能有所长进，同时学习乐器也提供了接受另一位成年人训导的机会。在管弦乐团、乐队中演奏和在运动队中一样，也需要建立团队合作意识和对团队做出承诺。

· 参加童子军或类似的团体组织能够获得同样的机会。童子军需要通力合作赢得徽章，参加向社区提供服务的活动以及与他人（同龄人、成人以及社区成员）交流。

· 参加话剧表演与在运动队比赛有异曲同工之妙。它需要大量的时间投入，所以孩子必须学会在其他任务和排练之间合理分配时间。同时，导演会教剧组人员如何演，并亲身示范。还有，只有勤学苦练才能提高技艺，争得自己希望扮演的角色。

几乎所有与我们交流过的老师、家长和教练都说孩子参加了有组织的活动之后，有了很多长进——体育活动是其中之一。它能让孩子不再流连于电子设备长达数小时之久，是一个有建设性意义的代替品，有助于增强他们对自身技能的信心，形成客观的自我评价，以及提高在各种环境下与别人从容交流的能力，更别说成人导师在他们人生中的积极影响了——能让青少年这样收获满满的机会实属难得。

总结

问题

　　我们想让自己的孩子快乐、成功、人缘好。就体育活动而言，这常常意味着成为常胜队伍中的明星队员，有最好的教练和最酷的队服，还意味着赢得最丰厚的奖励以及和所有队友成为朋友。家长对孩子的体育成绩也是津津乐道。

陷阱

　　当家长一心要为孩子打造完美无瑕的运动经历时，很容易落入陷阱，尤其是自己小时候也爱好体育的家长。这些家长可能四处打听哪个教练的队伍获胜的次数最多，然后想尽办法把自己的孩子送入那个队。他们还有可能觉得必须为孩子购买最先进、最昂贵的装备，尽管它们对提高击中率或跑步速度起不到什么作用。

改变策略

　　不用担心孩子年龄小，联盟会帮忙解决很多之前提到的问题。他们会把几个合得来的孩子安排在同一个队，让孩子们每次都有大获全胜的感觉，还常常给他们发参与奖。如果你和孩子都看重这些，那么一定得在幼童阶段就开始孩子的体育生涯，五六岁的孩子能从中获得大把机会。

当孩子再大一点时，就没有这么轻松了，这时经得住挺身而出解救他们的诱惑很重要。如果他们没有和朋友分到同一个队，那就鼓励他们交新的朋友并且支持他们的友谊；如果他们认为教练分配给自己的位置不合适，那就让他们把握自己找教练协商的良机。教练一般会在悉心倾听之后，为他们实现目标提出建议，通常是鼓励他们勤学苦练。还要记住即使孩子的队伍不常获胜，也没有关系。这种队伍里的孩子比起常胜队伍的队员，往往更加努力并且珍视获胜的经历，因为常胜队伍主要靠几个有天赋的运动员，而不是全体队员的努力。

　　最后，要善于寻找机会，发挥教练作为导师或是楷模的作用，帮助教练树立他在孩子面前的威望，利用教练的角色帮你为孩子设定期望。还有一点也很重要，那就是不要当着孩子的面批评教练，因为这样会削弱教练的领导力。

第 10 章

毒品和酒精为什么令人神魂颠倒

青少年：达琳医生，我在网上查了，抽大麻没什么危害。我能找出 100 多篇这样的文章给你看，我确定。

青少年的特点是自以为知道很多，容易摆出一副狂妄自大、不可一世的模样。今天的即刻满足一代也不例外。如果一个十几岁的孩子对吸食毒品和酗酒感兴趣，他会上网查找证明毒品、酒精或是两者都无害的内容，而且对此类信息深信不疑，用来作为反驳家长和老师的有力证据。但是，这些信息的来源往往不可靠，只是与青少年自己的那套逻辑一拍即合而已。

美国有线电视新闻网保健板块（CNN Health）发布的一项研究成果表明，与成人相比，青少年的大脑更易受到毒品和酒精的破坏。青少年的大脑中受体更多，它们是毒品、酒精的吸附对象，因此吸毒、酗酒的青少年更容易遭受脑损伤，个人发展更易受阻。由于大脑正处于迅速发展的阶段，毒品有可能扭转大脑的发展轨迹，甚至使其朝着有害的方向发展。尽管很多青少年认为吸食大麻没有害处，但通过功能性核磁共振成像（fMRI）得到的研究成果表明，大脑的额叶会遭到大麻破坏。回想一下我们在第 5 章中讨论过的研究结果，你会记得大脑额叶的发展会一直持续到成年早期。而且，额叶是大脑中掌控执行功能（比如计划组织、决策制定和问题解决）的部分，青少年期是强化这些能力的关键期，绝不能阻碍它们发展。

为什么这一代人无法抵挡使用、滥用药物的诱惑

毒品和酒精也许不是即刻满足一代人的标志性特点，但非法药物在他们的生活中却占有一席之地。毕竟，这是一批不愿延迟满足的年轻人，也就是说这些青少年无法忍受等待的煎熬。他们崇尚能够立竿见影的解决之道，不考虑它们是不是最佳方案。很多青少年对药物无害论信以为真，尽管大量的证据表明事实并非如此。在速战速决心理的驱使下，他们常常鲁莽行事或恣意妄为，无视自己良心的拷问。

无法深思熟虑

我们在整本书中反复强调，我们培养出了一代需要和期待即刻解决问题的孩子，没有任何人或事需要他们深思熟虑，他们因此更加意气用事。

因为儿童和青少年已经习惯了速战速决，所以这一代孩子不太可能费时费力地去考虑某些行为的后果。他们学习了最丰富的毒品危害的知识，而且今天的毒品的危害也比以往更大，但这些都没能让他们对此避而远之。对心仪之物的企盼令他们急不可待、鲁莽行事。他们只关注当下，一旦想要的东西出现在眼前，就会马上出手。热血沸腾的青少年在即刻满足心理的怂恿下，常常会追随内心吸食毒品的冲动，不管是为了跟风、消遣、反叛或是其他什么。

一个 17 岁男孩在我的办公室对父母大发牢骚。他整个周末都被禁足，只因酗酒被抓现行。他说如果只喝一瓶啤酒，就不会惹这么大的麻烦。虽然父母当晚也以为他只喝了一瓶，但他们还是发生了争执。他接着说其实自己喝了 5 瓶啤酒，然后坐上了"最清醒的"朋友的车，又去参加了另一个派对。他吹嘘道，他的朋友们总是会谨慎地选出只喝了一点儿酒的人来当司机，他甚至都不考虑这种行为可能产生的后果。在整个过程中，他不止一次表现出了鼠目寸光。首先，他由于"只喝一瓶酒"就被父母惩罚而牢骚满腹，尽管那天晚上他的出格行为远不止这个。第二，他一心只想着玩得尽兴，根本没有考虑酒驾可能带来的致命危险。

——达琳医生

得知这个案例中的男生是一个门门功课都拿 A 的好学生，还常常义务为社区服务后，你会做何感想？他还是一个总会设身处地为他人着想的孩子。那是什么导致了他的肆意妄为呢？我们的社会无时无刻不在强化反应快的重要性。从上学开始，第一个举手的孩子才能回答老师的问题，第一个到达球场的孩子才有权制定规则，没人在乎他们是否欠缺考虑、不合逻辑。家长应该关注这种现象，告诉孩子有时候花时间仔细斟酌反而更好。也就是说，当他们看到鲁莽嗑药、酗酒的苗头或情况出现后，需要果断采取措施，设定限制。我们在这一章中会探讨如何识别这些信号并严加管教。

我们在向儿童和青少年提供咨询时，常常会使用 STOPP 的标识。这是一个帮助孩子在做重大决定前理清思路的简便方法。STOPP 代表停止（Stop）、思考（Think）、观察（Observe）、计划（Plan）、实施（Proceed），目的是在做决定之前权衡利弊。能让他们停下来认真思考就算迈出了成功的第一步。STOPP标识的另一个好处是它也方便父母在家使用。

父母需要明察秋毫

在与青少年合作多年之后，我们发现父母往往无法判断孩子的朋友当中谁比较靠得住。家长说完他们信任孩子的哪几个朋友后，孩子总会笑着插话，因为他要说家长眼中的那个好孩子事实上最能喝酒或抽烟。我们要记住最友善、最讨人喜欢的孩子不一定就循规蹈矩。我们也希望教会你如何判断一个人是否可信，但目前我们还没有找到屡试不爽的鉴别方法。最好是当孩子与朋友交往时，尽可能多地出现在他们身边，留心观察他们的交流方式。开车接送或邀请朋友来家里玩都是很好的时机。

家长应该了解孩子对毒品的"别称"。我们当中的大多数人都知道常用毒品的叫法，比如大麻叫"锅"（Pot），但孩子们在酒水商店或毒品商店里还是能买到很多新的毒品，其中大部分是人工合成的。孩子们常常在家长面前肆无忌惮地用K2、香料、鼠尾草、浴盐、胆小鬼等等各式各样绰号代称毒品，欺负大人听不懂。能让家长顺利跟进的一个简单易行的方法是浏览相关的网站，对毒品进行全面了解。

> 你应该长期关注孩子的朋友是哪些人，以及这个圈子的动态。尽量从孩子口中探听情况，对听到的内容保持开放心态，不要对他们的话满不在乎。这样孩子就会强烈地感觉到你关心他们生活的方方面面，也很在意他们是否会向你敞开心扉。

不断找寻刺激

> 我常常听到孩子们对于自己去超市或药店的描述。当他们无所事事、感到无聊时，就跑去这些地方，抓起一包感冒药（cold medicine），连钱都不付，就当场打开包装、掰开药片、吞进肚里，享受飘飘然的感觉。感冒药往往会让人脱水，孩子们说如果吃够一定量，还会产生短暂的幻觉。在跟我分享过这段经历的孩子当中，有几个还曾被送去抢救。只因打发无聊、找点乐子，却不慎用药过量。
>
> ——罗恩医生

这一代儿童和青少年在很小的时候，就有各种各样振奋人心的消息满天飞，因此他们习惯了及时行乐。正如在上个例子中谈到的，我们常常听到前来咨询的儿童和青少年讲述毒品和酒精给自己惹来的麻烦，只因为在他们感到无聊乏味时，这些东西唾手可得。

由于儿童和青少年擅长见机行事，所以他们可能会满屋子地找东西，比如没上锁的酒柜里的瓶子，父母医药箱里的处方药，以及如果使用"不当"，会令他们情绪高涨的非处方药。我们建议每一位家长都搞清房里有哪些酒和处方药，并且定期随手做记录。如果你的医药柜的某个药瓶里装了上次小手术之后留下的 5 颗维柯丁，就要时不时地检查它们是否原封不动。还有一个办法是把处方药通通移出医药柜，放在一个你那十几岁的孩子（或是他们的朋友）找不到的地方。

自我疗伤

由于担心 15 岁儿子的酗酒问题，家长带他前来咨询。一周之内，他们已经好几次发现他在家和学校里喝酒了，想让我推荐一个青少年戒酒项目，并且询问全家人应该如何配合。没聊几分钟，我就发现他的同伴是问题的症结所在：他由于不想面对自卑的困扰以及和朋友们每况愈下的关系而酗酒。由于之前没有自己解决过这样的问题，他只能用酒精自我疗伤、调整情绪。在放弃自我疗伤，又得到外界帮助后，他就想出了很多更健康的应对压力和改善关系的有效方法。现在，他已经很清楚对朋友不满时该怎么做了，无论这种不满是否合理。

——罗恩医生

人们常常使用非法药物来抗压。孤僻的人需要一些能振奋精神的东西，有社交恐惧症的人在与别人相处时会喝酒或是吃镇静剂来壮胆，这些已不是新鲜事。我们可能都听说过一些人在上飞机或进行公共演讲前要吃药缓解紧张情绪。

即刻满足一代人则是有过之而无不及。很多儿童和青少年对于任何形式的焦虑、自卑或挫败的耐受力极低，这让他们成为动辄借助药物"忘记"问题的高危人群，因为他们不想或是不会处理问题。首先，这一代人背负着必须出类拔萃的巨大压力。第二，我们在前几章中强调过，他们没有机会练习处理问题，因而也没有树立起解决它们的自信。所以，当暂时忘却所有烦恼的机会摆在他们眼前时，"我不在乎"的态度就让他们毫不犹豫地借助药物逃避现实。

自我疗伤的理念正中即刻满足一代人的下怀，是因为它简单易行。遇到问题，没有信心处理好？不用怕，有便捷的方法能够逃避现实、一扫阴霾就行。但是孩子们只看到了药物能为他们做什么，却没看到它带来了什么后果。一夜的酣畅淋漓可能会影响他们的余生，因为过程缓慢，他们往往看不到直接的危害。如果第二天恢复正常，那么再次吸毒或饮酒时就会无所顾忌。这种由于目光短浅和鲁莽冲动带来的虚假的安全感让孩子们坚信无论做什么，都能安然无恙。他们只相信自己的亲眼所见，可这只是因为他们没有意识到问题的严重性而已。

这永远不会发生在我身上

在 2012 年所做的一项调查当中，接近 25% 的受访青少年表示，在近一个月内，他们有过与喝了酒的人同乘一辆车的经历，而几乎有 10% 的人承认在同一阶段自己有过酒驾的经历。死于车祸的年轻人中有 1/3 的人酒后驾车，但青少年始终认为他们永远不可能成为那些不幸者中的一员。每年有近 15 万青少年因服药过量而发生意外，但这些人中没几个人预料到自己也会遭逢不幸。

我们已经说明今天的年轻人极易鲁莽冲动，总想着轻轻松松解决问题。他们会对非法药品来者不拒，还因为身上的另一种特质在作祟：不接受现实。这种人总是对事实置若罔闻。学校里不乏对骇人听闻的青少年吸毒危害的宣传。上高中的孩子能看到学校展示出的在酒驾车祸中被撞得面目全非的汽车，还在上幼儿园的孩子就已经做出了远离毒品的保证。家长、老师、宗教领袖以及执法官员对滥用毒品和酗酒成瘾的危害三令五申，但青少年还是天真地认为他们所学到的这一切都不可能发生在自己身上。

狡辩

> 在与一个名牌私立中学的高中生约谈的过程中，我了解到他在期末考试那一周买了阿得拉（Adderall）服用。阿得拉通常是由心理医生为ADHD（多动症）或ADD（注意力缺失症）患者开出的药，可以用来提高专注力。在考试期间，它在校园里被非法广泛兜售，帮助学生专心复习考试。在过去的几年里，我们也从高中生口中听说了同样的事情。这类学生必须考到一定的分数，才有可能被理想的重点大学录取，所以会不惜一切代价考取最好的分数。不询问医生的意见，擅自购买并吞服非法药物来缓解对考试成绩的焦虑的学生会面临极大的风险。
>
> ——罗恩医生

"它是有机的。""它是纯天然的。""我从学校头的和医生开给我的处方有什么不同？还不都是一样的药。"这只是我们从服用非法药物的儿童和青少年口中听到的一小部分辩解。今天的孩子们总能找出一大堆理由为自己的想法开脱，挖空心思地去搜罗能说服家长认可自己行为的理由。事实上，他们会在网上耗费大把时间，为自己的看法搜寻证据。

孩子们不达目的不罢休，千方百计地找理由佐证自己的观点。辩解的一种形式是"证实偏见"（confirmatory bias）。也就是说一个人只关注和自己的观点相吻合的证据，自动过滤不一致的所有信息。不错，网上的确不乏支持吸毒的文章，但也有很多指明危害的研究成果，只是他们对此置若罔闻。从很多方面来看，他们习惯了采用第一条利于自己的信息。网上搜索引擎的弹出方式是置顶最匹配的内容，这种搜索方式已经不再陌生。试试看输入"大麻并不危险"的词条，你看到的第一条信息会是什么？

帮助青少年筛选证明材料

在谈到药物使用的问题时，青少年认定了你是戴着有色眼镜的，因为你会倚老卖老或是危言耸听。他们常常自以为是，认为自己掌握的才是最新资料。空口无凭地探讨有可能无法令他们信服，所以，最好能找到一些药品对身体有害的佐证。这样的话，你就不是在自说自话，而是在摆事实、讲道理。比如伊丽莎白·兰德（Elizabeth Lander）的文章《青少年的大脑更易受毒品和酒精的侵害》就详细阐述了药品使用对他们大脑的伤害。

当他们向你亮出使用药品无害的证据时，不妨和他们一起浏览，并对阅读内容做出解释说明。最好是有备而来，提前做足功课，多读一些由知名大学和研究实验室得出的客观研究成果。

吸毒和酗酒的迹象

有一对家长前来咨询管教孩子的方法。他们在儿子的衣柜抽屉里发现了大麻，不免有些惊慌失措。当听到儿子说他只是为那天放学不方便把它带回家的朋友暂时保管时，他们才如释重负。又过了几周，家里邮来一个包裹，里面是几个玻璃管，像化学实验室里用的那种，也能用来吸食毒品。由于上次的说法没有让父母起疑，他又故技重施，说"是朋友的"。他解释说自己也被蒙在鼓里了，肯定是一个朋友怕被父母发现，买了寄到他这里的。我向前来咨询的父母指出，他们相信自己孩子的话的愿望有多强烈，对吸食毒品的明显迹象就该有多关注。同时，我们还制订了解决问题的计划。

——罗恩医生

在这本书的其他章节中，我们都讲到应该鼓励孩子犯错，以期他们积累解决问题的经验。但非法使用或滥用药品和酒精却要另当别论。鉴于每一次药物使用都会带来心理、生理或情绪方面的问题，父母必须适时盯梢严防。

家长应该对孩子吸毒或酗酒的蛛丝马迹了然于心，对这些警示信号稍有疏忽都可能让孩子面临不可估量的健康和安全危害。首先要熟悉吸毒和酗酒的征兆。这些信号基本可以分为两大部分：行为的改变和外表的改变。

行为的变化

· **细微征兆**：在大多数情况下，孩子的行为不太可能在一夜之间就发生大的改变，所以你需要留意一些细微征兆。酗酒和吸毒的早期常见行为包括疲惫不堪、暴躁易怒和鬼鬼祟祟。吸毒和酗酒还会让孩子变得消极倦怠、自我封闭。

· **明显征兆**：在使用期间或是刚用药品不久，人的平衡性或协调性可能欠佳。此外还有违反宵禁、偷偷外出、经常缺钱，这都是与使用、兜售或购买药品相关的严重情节。你也许能够看到他们与新朋友之间的秘密交流有所增加，删起电邮、通话记录和短信来也是眼疾手快，生怕被人看到。他们也会变得更具进攻性，可能无缘无故就破口大骂或大打出手。

外表的变化

· **细微征兆**：虽然这些无法100%说明孩子在使用药物，但也是值得关注的表象。留意他们有无个人卫生习惯的改变（比如不注重形象，变得邋里邋遢）。使用毒品和酒精后，孩子的体形也会发生变化。快速而显著的消瘦或发胖与某些品种的药物有直接关系。

· **明显征兆**：如果一个人正在或是刚刚吸食毒品，也许会面色红润，面泛红光，或者眼神游离，很难聚焦在某个具体物品上。还有一个应该引起注意的迹象是嘴唇或手指上出现烫伤，身上有瘀青、打斗过的痕迹以及身体状况欠佳。

谈一谈

如果种种迹象令你怀疑孩子染上了酗酒或是吸毒的恶习，那你应该直截了当地问他。研究显示，当家长与孩子开诚布公地讨论毒品和酒精问题时，孩子的自控力能够增强，对于药物使用的行为也会更加排斥。忽视这些信号，指望他们自己悔悟无异于铤而走险。

我的孩子们不会那样做

在向家长提供咨询的过程中，我们看到很多孩子都颇具责任心、成绩良好、尊敬师长、能向父母敞开心扉。即使这样的孩子也有接触毒品和酒精的机会，而且不一定能经得住同龄人的软磨硬泡。家长即使相信自己的孩子不会同流合污，也不能对这些风险和征兆麻痹大意。

帮助孩子练习找借口

大多数孩子或多或少都会面临接受或拒绝朋友带来的毒品或酒精的选择。如果每个孩子都能够看着朋友的眼睛斩钉截铁地拒绝吸毒或是喝酒，当然最好，但很多儿童和青少年很难做到这一点。如果你的孩子不会拒绝别人，找借口是一个不错的选择。帮孩子找一个朋友们能够相信的借口吧，这是可以派得上用场的礼物。以下是一些实用的理由：

· "父母每周都要对我进行药品检测，如果呈阳性，就得参加戒毒项目。"
· "我的父母买了种呼吸分析器，晚上回家就检测，如果呈阳性，就没收我的驾照。"
· "我试过，我不喜欢。"

　　学生们依赖毒品和酒精的原因很多，无论为了合群跟风、摆脱压力、提高表现，还是仅为享受片刻的欢娱，他们都会孜孜不倦地去找各种理由来证明自己的选择没有危险。他们一心只想解决当务之急，对能够振奋精神的快捷手段来者不拒，这是让即刻满足一代面临重重危机的根本原因。

总结

问题

单是想想孩子可能接触——甚至染指毒品或酒精就会令人感到不寒而栗。如果你为此而烦心，花时间紧紧盯梢，就难免与孩子起冲突。在发现一些蛛丝马迹后，很多家长可能会乱了阵脚、惊慌失措，没想着与孩子共同直面问题。

陷阱

不仅儿童和青少年认为"它永远不会发生在我身上"，家长也无法想象自己的孩子会沾染酒精或毒品，尤其是当他们平时乖巧懂事或是成绩不错时。家长往往更加关注孩子的升学问题，无暇顾及毒品的最新趋势，以及孩子是否有异常举动。不要让自己落入否定现实的陷阱。

改变策略

鼓励家长放手让儿童和青少年去犯错，从自然后果中吸取教训并学到技能是贯穿整本书的一个主题。但涉及毒品和酒精时，就得另当别论了。药物使用能产生极大的危害，家长需要全力以赴去监督、引导孩子。

如果家长和孩子能毫无顾忌地共同探讨毒品和酒精对

健康造成的危害，就能降低孩子在成长道路中遇到这类问题的概率。增进孩子对药物非法使用以及相应后果了解的谈话也必不可少。每时每刻都让孩子感受到你对他们的爱，让他们明白你会为了他们的健康采取必要行动。与此同时，家长需要了解吸毒和酗酒的迹象和症状，一旦发现，就要提高警惕。如果家长怀疑孩子吸毒或酗酒，并为此坐立不安，就要有所行动了。到这时还袖手旁观，祈求事情会向着好的方向发展，就大错特错了。

第 11 章

你的孩子是否准备好了独自打拼？

我接到一对夫妇打来的电话，他们心急如焚，只因在名校读大学的 19 岁女儿第一学期没能顺利通过考试。母亲说"他们"为了让孩子考取好成绩、获得 SAT 的高分、被这所学校录取付出了很多，但现在的结果却如晴天霹雳。她继续说自己为女儿找了最好的家教、知名的 SAT 分数提高班，还帮女儿修改高中期间所有的论文，完成高质量作业。当女儿被理想的大学录取后，全家人都欣喜若狂，所以现在急切地想知道问题出在哪里。

——达琳医生

不能错过教育的机会

　　看完本书前面的章节，你应该已经看清了自己和孩子。双方都会犯错，孩子锻炼独立解决问题的能力和获得批判式思维的机会也可能一次次白白溜走，但这都是抚养即刻满足一代孩子的必经之路。也许你会担心孩子已经十多岁，无可救药了。但不要气馁，改变孩子已经养成的习惯固然很难，但并非不可能。如果目前他在读高中最后两年（或者第一次离开家时没能"单飞"成功），家长仍然可以采取一些补救措施，让孩子学到用心规划、决策制定和有的放矢的能力。

开车

开车是一个绝佳的机会，青少年从中学到的技能可以为今后成为一个勤奋工作、独立自强的人打下基础。想一想获得开车的特权需要具备哪些条件，以下是不得不完成的事项：

· 必须主动注册，并且完成司机的培训课程。

· 必须做好准备，安排时间以及通过考试。

· 必须在繁忙的日程中，挤出时间处理这些事情。

· 在路上行驶时考虑他人的处境。

· 必须同时处理好几件事情。

· 在判断方向和管理时间时使用计划制订和问题解决的能力。

· 必须练习延迟满足。即使开车时听到手机响，也不能马上查看或接听。

· 必须自己赚钱支付车辆的燃油、保险和保养费用。

· 每次和同龄人一起出行时，都在驾驶时长方面做好约定或坚决拒绝未满法定年龄的人乘坐。

家长往往会为孩子拿到驾照激动不已（但也不免惴惴不安）。他们对自己十五六岁时拿到驾照的经历记忆犹新，是在 16 岁生日那天，去机动车辆管理局换取正式驾照[①]。对上一代或两代人而言，这还相对轻松，因为司机的培训和教育是在学校里进行的，青少年的课程表中已有相关课程的设置。现如今，很多青少年付费给私营驾校，利用自己的时间去考驾照。猜猜会怎样？青少年必须发挥组织

---

① 此外特指在美国的情况，在中国需年满 18 周岁才能考驾照。——编者注

规划能力和主观能动性去完成目标。

家长应该明白，如果一个十几岁的孩子还无法自己准备驾校报名材料，独立学完并通过考试，那么他就不具备驾驶车辆所需的高度责任感。

不要催促孩子拿驾照

如果孩子无法承担自己报名参加驾校培训的责任，家长不应该催促、贿赂、教唆或以任何形式诱惑他们。孩子常常会因缺乏组织能力或懒散怠慢而停滞不前，这就是为什么要等他们主动提出去学驾驶的原因。

如果一个十几岁的孩子有开车意愿，但一说到拿驾照，又怕麻烦，或是指望别人帮自己一把，妈妈和爸爸就不能再让他坐享其成了。如果家长不再充当孩子随叫随到的司机，考驾照反倒成了他的刚需。

如何做

1. 如果学校路程遥远，那么父母只应在上学、放学时接送孩子；如果不是太远，一周还应安排几次步行。通常情况下，家长顺路就能把孩子送到学校，但接孩子放学回家就没那么方便了。如果没有其他顾虑，这段适合步行的路也没什么危险，那就可以让他走路回家。

2. 至于社交活动，孩子需要自己安排交通问题。如果他没法自己解决，就无法参加活动。再强调一遍，家长偶尔顺路捎孩子一程没什么不妥，但不应成为惯例。

3. 不要因为孩子临时决定要你送他去一些地方，比如参加活动、买东西或是看朋友，就费尽周折地改变原本的计划，除非这项活动与履行他的某项义务有关。

回答

"我知道你想让我送你去那儿，可我也有事。你如果准备好了，就去报（完成）个驾驶课程吧，这样你就能有自己的驾照了。"

理财

一个 13 岁的女孩有了自己的第一部手机。这部手机的用途是在紧急情况下和父母取得联系。她的父母选了一个有固定数据流量和通话时长的套餐。一个月后，他们发现孩子的通话时长超出了套餐上限，发短信也很频繁。因此，他们又换了具有无限短信和更多通话时长的套餐，也和女儿谈了话，对流量的使用做出了严格限制。尽管父母苦口婆心说了半天，女儿还是下载了很多内容，这些内容远远超出了套餐流量上限。她的父母无计可施，只能选择不限流量的套餐。6 个月后，原本每月20 美元的套餐像吹气球一样，膨胀成上百美元的月账单。

——罗恩医生

依我们的经验来看，当儿童和青少年花钱大手大脚或肆意挥霍时，肯定会出问题。有钱人家的孩子能在 16 岁生日时收到一辆新车、月月购买昂贵的名牌服饰、在音乐会或其他方面一掷千金，这些现象并不罕见。当然，大部分孩子没有如此殷实的家境，但家长还是经常二话不说就给孩子买常规用品，传达的信息是这些东西是白给的，不需要为之奋斗。事实上，孩子越早理解理财的重要性越好。

看看有多少青少年在使用按月付费的手机。很多孩子知道是父母在交话费，但有几个知道自己花了多少钱？他们把每个月电话的正常使用看作是理所应当的。下载到手机或其他设备上的 app 虽然也要支取费用，但费用是从父母的信用卡中扣除的，他们对具体花了多少钱没什么概念。还有，看看多少孩子常常去星巴克买咖啡或是每天放学后和朋友们出去吃饭。这笔花费不算不知道，一算吓一跳，但青少年却毫不在意。

我们强烈建议家长告诉孩子他们买东西花了多少钱，以便儿童和青少年理解东西的价格。让他们做到心中有数很重要，比如电话账单、超套餐流量使用费以及附加产品花销（比如 app、歌曲、电影以及所有通过手机可以购买的产品）。然后以每小时 7.25 美元的最低工资计算，看需要工作多少小时才能挣够这些钱。

如果在孩子的童年早期，你错过了让孩子明白本书中强调的道理的机会，那么现在无论你的孩子是十几岁还是已经 20 岁出头，都还能用控制花钱的方法弥补损失。在什么情况下该给孩子多少钱，得由你来做主。你要设定限制——钱花完了，就没有了。只有通过承担后果，青少年和年轻人才能领悟得更透彻。给孩子固定额度的零花钱是一种有效的控制机制。下面是一些常见的情形：

- 一名青少年约会迟到，因为他在半路上打算用储蓄卡买点吃的东西。可当他刷卡付费时，交易被拒。
- 一个十几岁的女孩把买衣服用的零花钱拿去买了昂贵的墨镜，之后就没钱重买自己弄丢的运动服了，上体育课时只能穿由学校提供的"外借"的运动服。
- 一个大学生每天都去餐厅吃饭，而不是自带午饭在课间吃，所以刚到月中，就花光了一个月的生活费。
- 一个年轻人没有量入为出，所以当他想和一个女孩约会时，口袋里的钱已经所剩无几。

擅自挥霍的后果

绝不能让儿童和青少年肆无忌惮地花父母的钱。不能给他们由父母存钱或偿还的储蓄卡或信用卡。一些家庭的做法是提供一张"应急卡"，只能在车出故障、需要紧急救治或是父母允许的特定情况下使用。至于其他开销，给孩子一定数额的现金、预付借记卡或借记卡让他们自行支配。他们如果管理不善，就有了从自然后果中吸取教训的机会。

自然后果

自然后果（natural consequence）是指那些并非父母强加，而是花钱行为产生的结果。比如，由商家而不是父母告诉他们如果交易被拒，就是卡内余额不够。当他们想参加某项活动又因没有做到未雨绸缪而缺钱时，断然拒绝他们的是银行账户。这一代不计后果、只图一时之快的青少年会因此感到切肤之痛。除此以外，它还有助于避免孩子与父母之间的权力之争和其他争吵，因为断然拒绝他们的不是父母。

人为后果

家长总是问我们当孩子没有征得父母同意就花钱时，应该怎么做。

第一，首先和孩子讲清楚如果他没有征得同意就花钱，会面临什么样的后果。现如今，儿童和青少年只有在账户上绑定一张储蓄卡或信用卡才能兑现网上的钱。比如说，如果一个孩子想兑换 iTunes 的礼品卡，就必须在账户上绑定一张有效的银行卡——通常都是父母的。当礼品卡上的钱花光后，孩子仍然可以使用爸妈的账户消费，但他们常常不把自己花的"这点小钱"当回事。儿童和青少年需要清楚，用父母的钱买东西是有限制的，还需要知道无论何时花父母的钱都要先征求同意，包括通过电脑、电子游戏或手机购买的、用父母的储蓄卡或信用卡支付的东西。

第二，亮明后果。

· 让孩子看看他总共从你这里"拿走"了多少钱。

· 要求孩子还钱。如果钱不够，就给他安排一些能赚钱的工作。每小时的工资以最低薪酬为准，不能让他们轻轻松松就赚到钱。比如，不能因为扔一次垃圾，就让他们在两分钟的时间内挣到 1 美元。相反，标准应该是一周之内每天扔一次垃圾的周薪是 5 美元。同时，不给他讨价还价的机会，还钱的方式要由你说了算。如果你不介意亲自扔垃圾，可洗衣服却让你头疼，那么就让孩子去洗。记住，是他擅自花你的钱，是他有错在先，因此，决定权在你。

· 根据花钱的动机，为今后可能出现的乱花钱行为设定不同的惩罚措施。要区别对待不慎花了一点钱买 app 的行为和违反家规花了一大笔钱还蓄意隐瞒的行为。

· 在把欠你的账还清之前，他在任何情况下都不能再张口向你要钱。

权衡各项任务

对即将成人的孩子来说，最好的帮助是教会他同一时间处理多项任务的能力——耍杂技。也就是既要做到课内学业与课外活动两不误，还要完成洗衣服、准备饭菜以及给家人跑腿的任务。你可以循序渐进地增加任务的数量，但一定要让他们养成习惯。

到了高中的最后两年，青少年已经能把课内学业和课外活动安排得井井有条了。但是，很多生活琐事还在由家长包办代劳，他们也没法锻炼多任务处理能力。所以当他们背井离乡，远离父母的关爱呵护时往往会感到力不从心。

我们常常听到父母说高中的最后两年孩子太忙，根本没有时间处理"琐"事。诚然，孩子们在最后关键的两年要准备 SAT 或 ACT

考试，还要申请大学，绝不能掉以轻心。事实上，这才是给他们安排额外日常工作的最佳时机，因为这不仅是大脑连接迅速建立的过程（参考第5章），也是在对大学生活的演练。此刻不练，更待何时？

强化为他人着想的理念

大孩子和青年人需要承担家庭责任。他们不仅能从中学到成年生活必不可少的组织规划能力，还能意识到自己是大家庭的一分子，明白在为理想打拼时也要考虑其他人的感受。他们必须知道自己是集体当中弥足珍贵、不可或缺的成员，能为家庭贡献一份光和热。

随着年龄的增长，青少年的确会越来越忙。事实上，他们有时忙得即使手脚并用也不能兼顾自己和家庭的任务，这恰恰是教会即将成年的孩子主动寻求帮助、不要被动等待救援的好时机。"妈妈，我得复习准备考试，还要做作业。你能帮我洗运动服吗？"每个人都有需要帮助的时候，向孩子伸出援手再正常不过。其实，在这段忙忙碌碌、寝食难安的岁月里，为他雪中送炭更能加深你们之间的感情。当然，你也可以效仿这一模式。如果确实忙得团团转，可以让孩子帮忙准备晚餐、洗衣服或是跑腿去商店买东西，不必感到难为情。他们不仅能成为你的得力助手，还能因有责任心和成熟受到表扬。

我的孩子有拖延症吗？他没准备好独自打拼吗？

我正在和一名 16 岁的 10 年级男孩谈话。他的妈妈给我打电话时说孩子离开了原来的学校，因为有两个老师"太不可理喻"。事情的原委是这个男孩每学期都会因为"心理健康"问题请 12—15 天的假。他的妈妈说他被重重压力折磨得透不过气，无法在学校安心学习，只能在家里放松的环境下自学。当这种情况出现的时候，学校会为他提供自学用的材料。但到了 10 年级，有两名老师不再直接满足家长的要求，要求孩子本人联系他们索取作业。这让她勃然大怒，一气之下把孩子转去了其他学校。她以为问题就此得到解决，不需要再带孩子来我这里做心理咨询了。临近高中毕业时，这位家长又一次打电话给我，说儿子还没有着手准备申请任何大学，她又势单力薄，所以需要援助。

——达琳医生

仅仅因为学习成绩符合要求就被理想的大学录取，并不意味着这名学生是一名合格的大学生了。我们已经好几次接到父母的电话，说孩子高中毕业后顺利进入了理想的大学，可却在一两个学期后，嚷着要回家。大学生活与他们的想象大相径庭，他们可能无力应对繁重的课业负担，也可能不擅长人际交往，还有可能不习惯住宿舍或公寓。很多家长都找出了种种理由搪塞，比如"学校不适合"或"遇到不好的舍友"。但最普遍的事实是学生自己没有准备好。

仅仅是拖延症吗？

家长：斯威特兰医生，我们需要您的帮助。这都 11 月了，休还没开始申请大学。

很多青少年一想到申请大学就头疼。事实上，很多学生都需要身边的成年人教他们组织信息，做出关于搜集所有材料和完成每一项申请的计划。如果你的孩子本来做事就拖拖拉拉，这时表现得磨磨蹭蹭也就不足为奇。

但如果你的孩子没有做好背井离乡、踏上漫漫四年求学路的准备，也可能通过拖延来掩饰内心的不安。那么如何区分这两种不同情况呢？

拖延症征兆

· 孩子总是临阵磨枪，不到最后一分钟不行动。
· 孩子认为即便没有好好规划，一切也能按计划进行，不考虑各种意外的可能性。
· 孩子的时间管理能力欠佳。
· 孩子为了完成作业，不得不放弃一些活动。
· 如果觉得时间紧迫，孩子做事时就会压力倍增。
· 孩子在完成任务过程中，没有为意外情况（比如电脑死机、打印机故障、突然发现还有没准备的事项）留出时间。

注意，拖延的学生往往能够制订计划，并且认为执行计划的时间绰绰有余。他们对在规定时间内完成任务胸有成竹，每当把该做的事情向后推时，总是有充分的理由辩解。他们低估了完成任务需要的时间，没有考虑意外情况，所以总是在最后一分钟草草了事。

孩子还没有做好准备的警示信号

· 青少年觉得了解、打听和参观大学都索然无味。

· 青少年准备大学入学申请时需要父母的再三督促。

· 青少年对你说："我知道！我会去做的！"但从来不行动。

· 申请的每一个阶段都需要成年人帮忙，否则青少年就会把申请事宜搁置不理。

· 没有父母的帮助，青少年在高中的最后一年就无法通过考试。

· 没有其他人的大力协助，青少年无法在规定时间内完成申请。

· 一谈到这个话题，青少年就表现得局促不安。

注意，没有准备好的学生往往对此比较排斥。家长心急如焚，不停催促，可学生本人就是拖拖拉拉。我们不止一次地听到家长说：现在是高中的最后一年了，无论如何孩子都要使出浑身解数。因为在他们看来，迈进大学的门槛就万事大吉了。事实上，孩子如果没有准备好，往往很难熬过第一年。然后他们便仓皇离校，觉得自己一败涂地，必须另谋出路、再作打算了。当这些红灯亮起的时候，家长需要考虑其他选择。

如何让孩子为毕业之后做好准备

无论你的孩子是迫不及待地要走向世界，还是遇到了即刻满足一代的常见问题，都需要让他们知道年轻人的使命。他们即将在人生的十字路口选择自己的道路，需要明白不同的选择有哪些利弊得失。

设定每个月的零花钱数目

如果孩子上的是四年制寄宿大学，住在宿舍，第一件要决定的事就是他每个月能否拿到零花钱，以及如果能，数目是多少。在任何时候都不能让年轻人掌管一张由父母偿还的无限额信用卡。住宿舍是不错的过渡方式，因为住宿费及伙食费是包含在学校的学费、住宿及餐饮费用的账单中的。因此，你可以放心，即使孩子身无分文，也不会饥肠辘辘、流离失所。

在孩子转换生活环境的过程中，最让父母头疼的就是花钱问题，没有规定限额的家长更是怨声载道。以月零花钱为例，你给孩子的数量应该是固定的，这能迫使他们做预算。这样做的关键是"要求"孩子量入为出。基本上我们接触过的所有家长都会叮嘱孩子不要乱花钱，也会和他们讲精打细算的必要性，但孩子还是花钱如流水。家长应该设定明确的限制并且严格执行。当孩子们抱怨钱不够或因此错过了一些活动时，告诉他们"自己想办法"。他们必须想出调整花销的办法。比如，是不是可以为了多出去吃几次饭而少买点东西？或是在宿舍的食堂吃免费食物（甚至打包一份到学校，在饿了时吃），以节省食物开销？

设定成绩要求

家长在学生上大学前必须具体说明对成绩的要求。比如，他们是否需要每门功课的成绩都保持在 C（也许是 B，你更了解自己的孩子）及以上？要不断提醒他们上大学是一种特权。不是人人都有机会上大学，上了大学的人要珍惜这个机会，争取学业有成。

很多学生只是把上大学当作推迟工作的手段，这些人需要在入校前明白毕业后还是得工作，到那时上司会对他们提出更高的要求。和其他任何工作一样，求学的道路上布满荆棘，为了战胜它们，学生需要得到帮助和指引。比如，大学课程通常很难，如果有一门课让他很吃力，达不到你给他设定的要求，你就得和他谈一次话了。早点谈，不要等到期末考试不及格时才有所行动。就像是员工不知道该如何完成任务时会去咨询老板一样，大学生也需要和父母谈谈自己的困惑，并得到一些改善的建议。看看这个例子。

"爸爸，我刚考完第一次数学测验，成绩是 D。数学一直以来都是我的心头大患，我真担心这门课。我去学生中心打听了补习的情况，私人教师虽然教得很好，但是要收费。你能帮我付补习费吗？"

培养孩子自己解决问题并与你沟通的习惯，这样一来，即使他没有完成你对他的要求，也不会给你当头一棒，让你无法承受——毕竟你知道他为此付出了哪些努力。不要期盼自己的孩子十全十美，培养他们的责任心很重要。如果在孩子离校之前和他谈一次话，把这些都讲清楚，你会发现他在本学期都会对分数抱以开放的态度。

如果孩子还没有准备好怎么办？

有一天下午，我收到一个母亲发来的一条语音留言，她的语气紧张而急促，还标注了"紧急"。我打电话过去时，她说她的孩子正上 11 年级，文学成绩眼看着就要得 C 了，因为在总成绩占很大比重的一份论文还没交。她已经给老师打电话解释儿子前一天晚上确实在做，但还是没能当天完成。老师回答说论文是几周前布置的，而且又给了全班 3 天的期限，所以无法接受她儿子迟交论文。也就在这时，她给我打电话，希望我写信证明他应该再有几天宽限期。她对我说要是成绩单上有 C，他可能没法上"好学校"（指大学）了。

——达琳医生

承担犯错后果可以帮助儿童和青少年学会如何解决问题。没能准时交论文的原因可能很多：也许是自己不会安排时间，也许只是对分数漠不关心。无论哪种情况，都有没做好上一所学术型大学的准备之嫌。事实上，尽管文学考试得了毁灭性的 C，3 年后他还是上了一所四年制大学。他上大学后，他妈妈打来电话说儿子挂了好几门课，还透支了父母给他办的银行卡。她不知道为什么他会如此为所欲为，并向我寻求帮助。

> 还是在那一周里，我又见到一对父母，他们的孩子上 12 年级。他们说女儿历史课得了 D，因为有几次作业未能完成。老师私下找她谈话，并给了宽限期，但她还是不做作业。父母生怕历史课的成绩会影响 GPA，导致女儿进不了理想大学，想让我给老师打电话求情。我的答复是："她的成绩就应该是 D，那才是她的真实水平。如果一名高中生在完成简单的任务时，都要把别人忙得团团转，就表明她还不具备自己独当一面的能力。"
>
> ——达琳医生

即使你的孩子还没有准备好高中一毕业就上四年制大学，也还有很多继续学习的机会。很多家长将进入传统的四年制大学视为高中毕业后唯一的出路，担心如果孩子没能直接进入一所四年制大学，对于大学的憧憬也将随之化为泡影。事实上，保持求学热情高涨的策略数不胜数。

首要任务是在与年轻人讨论深造的问题时，对每一种选择都表现出浓厚的兴趣。不要在说到某些选择时显得无可奈何或者失望低落，比如"好吧，如果你进不了四年制大学，就只能去社区大学了"。社区大学听上去只是退路一条，这样就挫败了孩子的积极性，对未来的美好憧憬也会就此止步。

第二个要求是仔细观察在高中毕业时，他们是否在心智发展和学习方面都做好了准备。每一所大学都各有特色，为学生提供的支持也有所不同。找到一所能够满足学生需求的大学很重要。在判断哪种环境更适合自家孩子时，可以参考以下方面：

学习水平

· 哪种学习强度最适合？
· 学生的学习是否需要帮助，比如一个高效的学习中心或是同龄人辅导项目？
· 除了没能考够理想大学要求的分数之外，学生是否显得力不从心，无法应对难度大的功课？

成熟水平

· 学生是否需要家长帮忙，是否在离家不远的地方才能有更好发挥？
· 或许学生没有做好应对四年制大学课业压力的准备，但他是否需要离开家才能有所成长？
· 学生需要多少外界的束缚才能成功？
· 学生是否只在不必担心住宿和伙食的情况下（住宿舍，按部就班地生活也许是个不错的选择），才能实现平稳过渡？

社交水平

· 学生是否在安排好的社交环境中更轻松，比如宿舍？
· 学生是否具备在走读学校中与人交往的社交能力？他在传统的大学环境中更自在吗？
· 有没有必要找一所提供学生辅导项目的学校？
· 学生是否需要找一所活动丰富的学校，比如橄榄球赛、俱乐部和社团组织？

剖析学生的愿望和需求后如果发现孩子不适合进入一所严格的四年制大学，可以考虑不同的教育途径。下面是一些例子：

· **必须住宿舍的小型四年制大学**：很多规模不大的四年制大学会为需要帮助的学生提供多方面支持。它们实施小班授课，有上学期间必须住校的硬性规定。对学生而言，一切都由学校安排。
· **带宿舍的社区大学**：做出此种选择的学生可以离家住校，获得很多人都有的宿舍生活经历。这些学校往往和传统大学之间有转学协议，两年制学业结束后，孩子如果能满足学校规定的各项条件，就可以进入四年制大学继续就读。所以没能取得理想分数的学生不必懊悔，这是一个良好的升学平台，可以让学生离开家去体验大学生活、修到同样的学分，在做好准备时继续攻读学士学位。

· **颁发资质证书的社区大学**：我们也提倡学生和家长考虑颁发资质证书的社区大学。学生可以根据自己的兴趣爱好选择学校。这不仅能为他们积累通用的教育学分，还能燃起他们的求学激情，从而使他们树立明确的奋斗目标。如果能在考取资质证书的过程中加把劲拿到副学士文凭，即使不想再继续攻读本科学位，也能学到一门可以养家糊口的技术。

对于不想为了学位而勉强在学校参加低端必修课程的学生而言，社区大学的资质项目值得考虑。他们可以选择一所能够颁发自己感兴趣的专业领域的资质证书的学校。几乎每一个领域都有自己的资质证书。如果学生还想获得副学士或学士学位，可以毫不费力地转换学分。迷茫无措或是不确定自己是否真正想攻读本科学位的学生应该考虑这个选择。

· **技术学校**：技术学校对于明确知道自己想干什么，压根不需要本科学历的学生而言，是一个万全之策。一名学生可能想成为兽医技师，而另一名可能想上设计学校。我们应该鼓励学生认清职业生涯或自身兴趣所在，了解相关要求并制订实现目标的计划。

记住，我们的培养目标是帮助即将迈入成人阶段的这一代人学会未雨绸缪，并在深思熟虑后做出选择，归根结底还是让他们学会自主思考。我们不主张看到眼前无路可走或没有走上一条符合心意的道路就沮丧气馁。上文谈到的那个高中生决定上一所能够提供烹饪资质证书的社区大学，后来找到一所提供宿舍的学校，以便离开父母体验独立的大学生活。离家去学校之前，她谈起这个项目就兴奋不已："谁知道呢？最后说不定还能拿到本科学士学位呢。"无论结果如何，起码在整个求学过程中，她都是目标明确、步履坚定的。

要让年轻人明白没有高不可攀的目标，完全可以另辟蹊径、曲线救国。

总结

问题

高中毕业后选择哪条路是家家都在争论的话题。孩子9月份开学后，关于毕业后何去何从的问题日益明朗。得意扬扬地向朋友炫耀自己的孩子上了哪所大学、选了哪个专业是家长梦寐以求的时刻。但如果孩子前途未卜或是前途渺茫，家长就会无地自容。

陷阱

很多家长已经为孩子高中毕业后该走哪条路做出了明确指示，此刻正是他们检验孩子是否偏离轨道的时机。当答案还不明了，甚至孩子已经表现出了种种没有准备好或是不想上大学的迹象时，家长还是觉得有必要为自己的想法找出百般借口或是硬把孩子推入大学校门。孩子虽然举棋不定，但迫于家长的压力，也会制订出"计划"。

改变策略

　　倾听孩子的心声，看他们毕业后真正想做什么。记住，目标是把孩子培养成有责任心、认真踏实和自立自强的成年人，有很多条异彩纷呈的道路可以通向这一目的地。"条条大路通罗马"才是家长应该力争向孩子传达的信息。通过让孩子认真锁定目标、制订完成目标的计划并寻求实施计划的方式，教会孩子思考。

　　无论孩子的计划如何，你都要事先讲明在理财和分数方面对他们的要求，还要提前告诉他们如果没能达到要求，必须接受何种惩罚。

第 12 章

家长也产生了即刻满足的需求

我们正在适应当今的快节奏文化。我发现自己在计算机上处理多项任务时，会变得狂躁不安。如果在输入的时候，电脑反应不及时，我常常会在键盘上一顿狂按，然后整个系统索性停住不动，提出抗议。

——达琳医生

这一代儿童和青少年即刻满足的欲望日渐强烈。这与家长也难逃此劫不无关系。回想一下在观看不断卡顿的视频，或是Wi-Fi信号弱时你沮丧的心情。面对这些突如其来的障碍，我们可能火冒三丈，等待的每一分钟都显得那么漫长。如果此刻你放下手中的书本，盯着手表上的秒针走动一圈，就能深刻体会到等待的煎熬。

作为家长，信息总会在我们需要时纷至沓来。我们离不开电脑和手机，不仅因为要关注时事、新闻和查看邮件，也因为它们提供了便捷、高效的人际交往方式。社交媒体的狂流顷刻间就俘获了大部分成年人，每天都有数小时因此偷偷溜走。很多成年人告诉我们，他们索性注销了社交网络账户，因为它占据了太多闲暇时间，导致他们情不自禁地频频查看。

因为这种对事情迅速发生的渴求已经融入我们的文化当中，家长应该明白自己其实已在不知不觉中成了孩子形成即刻满足心理预期的幕后推手。

有耐心

熟悉下列场景吗?

> 一名家长由于收到孩子的短信，打断了和你正在进行的谈话。他时不时收发短信，话题也转移到孩子想要解决的问题上，直到收到一切就绪的短信，才能专心和你谈话。

由于自身缺乏耐心，家长往往抑制不住解救孩子于水火之中的冲动。事实上，帮助孩子速战速决能让家长悬着的一颗心尽快落下。上述情况可能曾经或常常发生在你或周围人身上。发短信是一条为孩子提供及时援救的便捷通道，迅速回复解决方法或建议会让孩子以及家长更迫切地希望愿望得到满足。

家长为了摆脱等待的煎熬，不止一次落入解救陷阱中。儿童和青少年常常会向父母抱怨生活中出现的问题。家长得有足够的耐心才能做一名忠实的听众，不发表任何意见，最终躲过解救陷阱。提出建议或直接告诉孩子该怎么做当然省时省力，但这不仅剥夺了孩子自行面对、解决问题的机会，还向他们传达了速战速决才是王道的信息。

不要着急回短信

　　家长回复孩子短信时不敢怠慢，生怕孩子着急。但在一些特定情况下，你也确实不能及时回复，比如与人会面、参加活动或是处理重要的个人事务时，应该让孩子知道此时你无法即刻回复。发短信只是一种联系方式，不可能做到万无一失。

　　因此，接到短信后少安毋躁。如果你正在开会、和朋友见面或是处理自己的事，就不要为了回复信息而中断。即使难以克制，也要认识到冲动的部分原因是你自己对于快速行动的需求。不要因为你急于求成，就剥夺孩子磨炼耐性的机会。

　　然后向孩子讲明可以随时联系到你的情况，比如，向他们保证如果独自在家、开车出行或需要为某件事征求你的同意时，你会第一时间回复短信。在这些情况下，事先说好如果他们需要你，你能在什么时候回短信或接电话。

要对给孩子传达的信息做到心中有数

　　你一定知道那句话："照我说的去做，不要照我做的去做。"意思是"不要效仿我的行为，只需遵守我的指令。"但父母有时向孩子传递的信息并不一致，因而会教给孩子一些不良行为。举个例子，家长常常对我们说他们希望孩子懂礼貌、讲文明，比如当父母打电话时不要打断。家长也许好几次嘱咐"别打扰我，打电话呢"，但孩子却不听。尽管家长气得咬牙切齿，孩子仍然继续纠缠。然后家长便落入火速陷阱，妥协就范，迅速回答孩子的问题，把他打发走，以便继续谈话。这教会了孩子：家长的厉声指责没什么可怕的，只要自己不停软磨硬泡，就能达到目的。长此以往，孩子不由得会把自己的需求置于他人的意愿之上，强化即刻满足的愿望。

> 我曾在候诊室里观察到这样的景象：一位母亲正在打电话，儿子却频频打断她，因为他想知道 iPod Touch 的 Wi-Fi 连接密码。她说等一等，他就变得焦躁不安，用力拉她的胳膊，提高嗓门问密码。那位母亲请正在与她谈话的人稍等，然后低声把密码告诉孩子。打完电话后，她同样不露声色地拿回 iPod，警告他说下周才能再玩，还有打电话时不要打扰她。她没有让电话另一头的人察觉出自己的不悦，但她的举止清晰地向孩子表明不可以在打电话时打断她。我一般不会介入此类事情，因为它发生在办公室之外，不属于我的分内事，但它值得我们在接下来的约谈中共同探讨。通过这件事，我从她身上学到了一个好计策。
>
> ——达琳医生

家长也要在使用电子设备方面为孩子做出表率。大人常常埋怨十几岁的孩子整天机不离手，或是拿它开玩笑。更有甚者，很多家长竟用"上瘾"来描述它。家长尝试对手机的使用做出限制，告诫孩子它会让他们分心，不宜过度使用，督促孩子改正依赖手机的习惯。然后这批家长却在和家人在一起时，拿出手机查阅邮件、发信息以及看新闻。数一数当全家人在餐厅等待、参加孩子体育赛事甚至在与孩子度假时，你看了多少次手机。是时候留意自己在闲暇时间的所作所为了。在前一个例子中，孩子强烈要求用电子设备打发无聊时光，母亲的处理方式无可非议，但能身体力行、以身作则的家长又有几个？

儿童和青少年在选择听从父母的教导时，目光极为犀利。你认为他们会听从父母的说教，减少使用手机的时间，还是效仿父母的行为，随身携带手机并时不时查看？

也允许自己犯错

你能选择这本书，就说明你还是想了解抚养即刻满足一代儿童和青少年的绝招。也就是说你想帮助身边的孩子迎接这一代人独有的挑战。无论是在指导、养育还是仅仅想了解这一代孩子，能找寻这方面的信息就说明你用心良苦——这是最重要的。父母不可能把每件事都做得"恰到好处"。犯错并不意味着不可饶恕。

我们在第 3 章中讨论过，允许自己犯错不仅对自己，对孩子的心态也很重要。如果你做什么都很在行，他们会觉得自己也必须成为高手。你对完美的追求，在他们眼中就是对他们提出的要求，不能容忍任何瑕疵。另一方面，当他们看到你犯错时，反而能以平常心对待自己的错误。

除此以外，孩子们需要看到你手忙脚乱的样子，因为目睹你弥补过失也是一种学习机会。他们可以观察你从一筹莫展到振作精神，再到最终解决问题的全过程。

家长常犯的一个错误是凭心情好坏对孩子的行为做出惩罚，事后又认为太轻或是太重。这个问题相当普遍，而且在教育孩子时，应该及时处理，因为众所周知，孩子也常常意气用事。

以一位怒不可遏的父亲做出的过于严苛的惩罚为例。比如，一个孩子在超市表现出对家长的不敬后，被告知一个月内禁止使用电子设备。过后，家长觉得一个月的惩罚时间有点太长，所以没过几天，就又开始默许孩子再次使用，每天的使用时间还有所增加。家长其实应该向孩子开诚布公地说出内心想法，而不能为了掩盖错误，向孩子传达出前后矛盾的信息。

"乔，你刚才在商店对我态度很差，我气晕了，所以反应有点过激。回到家冷静考虑后，觉得一个月的惩罚有点长。我错了，现在改成一周。"

同样，如果你觉得惩罚太轻，也可以毫无顾忌地向孩子说清楚。

"简，我刚才的规定是只有在周末不能玩电子设备，但回到家后我又突然记起上一次你对我的粗暴态度，当时的惩罚是一周之内禁用电子设备，那么这次的禁用时间也将延长到一周。"

这就向孩子做出了表率，让他们看到如何修改草率决定，还表明你的决定有理有据，绝非信口开河，是考虑周全的处理方式，这正是你期望他们学会的待人处事之道。

所有的家长都会犯错。不要苛求自己读了这本书或是其他书后，就能完全按照书中的建议去做。正如你想让孩子在面临生活中的挑战、错误以及种种一切时学会思考和体谅一样，你也要给自己同样的机会。

紧跟时代节奏的压力

当代社会生活的节奏很快。一些人如鱼得水，另一些人却觉得力不从心，希望它能够再慢下来。和其他事情一样，每个人都有不同的感受，对于家长和孩子而言，也是如此。

交流和分享信息的便利增强了父母的压力——他们让孩子参加各种活动，不由自主地与其他家长做对比。因为有那么一批家长常常通过谈话、电邮、社交媒体晒出自家孩子参加的活动、项目以及取得的好成绩。此类信息的分享不无裨益同时也催人向上，但信息的种类之繁杂、数量之庞大总让其他家长头晕目眩。如果孩子参加了某项体育活动，你会收到各种关于季后训练和联盟比赛的信息；如果孩子参加过露营，你会收到主办方组织的其他各项活动的信息；如果你曾经就孩子的问题联系过某家机构，那么相关合作机构的电子邮件就会蜂拥而至。眼花缭乱的信息让家长开始怀疑自己是否做得不够，并为孩子殚精竭虑。

家长应该知道如何处理这种茫然无措的情绪，因为孩子很容易被感染。扑面而来的各种机会可能会让一些孩子精神振奋，但却给另一部分孩子带来恐慌和压力。每个孩子各有不同，家长应该留心观察什么时候孩子的压力可以变为动力。

这是我们的文化躁动不安的一刻，一切都唾手可得、发展迅速，技术的进步常令人应接不暇。稍不留意，就会不知不觉落入即刻满足的陷阱。如果成人都经受不住陷阱的诱惑，那么可想而知儿童和青少年形成这种生活方式的概率有多高。

总结

问题

当代文化的日益进步和便捷令人欣喜。保持联系、获取信息和处理日常问题的新颖方式一出现，就吸引了很多人的目光。

陷阱

由于速战速决已经融入我们的文化中，很多家长甚至都意识不到自己的耐性也渐渐被消磨掉了。随着新兴技术的发展，获取信息的方式都变得妙趣横生了。同时，快速、便捷的浪潮很快将成人裹挟，又瞬间传递给孩子。一些特定的行为开始出现在家长身上，他们却不希望看到孩子这么做。

改变策略

在被快节奏的激流吞噬，向着即刻满足的方向靠拢时，家长一定要认清形势。后退一步，找寻身边能够让自己放慢脚步的机会。大多数儿童和青少年已经适应了快节奏的生活方式，所以无法意识到自己正在错过哪些机会或是正在养成哪些坏习惯。

因此，为了孩子，家长应该放慢脚步。这样做就意味着他们需要更多的耐心，时刻保持清醒的头脑，随时检查自身有无助长急于求成思想的倾向。

有很多孩子表示当他们竭力追赶社会节奏时，往往会因压力而感到紧张和焦虑。以下是焦虑不安的症状：

· 你的孩子常说自己表现得不够好或是自卑。
· 你的孩子总喊"累"。
· 你的孩子常常把自己和别人进行对比。
· 你的孩子虽然是个好学生，但还是常常质疑自己。
· 你的孩子开始不去上课，因为他筋疲力尽，需要休息。

家长应该了解这些征兆，以便及时发现孩子的焦虑，接着仔细检查自己的哪些言行是对快节奏的鼓励，然后根据孩子的表现调整期望值。

第 13 章

明白的道理

在本书中，我们用了大量笔墨说明了即刻满足的一代人屡屡与学习各种技能的机会失之交臂，其中很多都是从童年直到成人阶段不可或缺的技能。生活的方方面面都促使他们形成即刻满足的心理需求。今天的孩子期待速战速决，解决问题的练习机会也随之流失，同时来自学校和课外活动的重重压力也让他们难以招架。在最后一章中，我们首先会简要回顾最常见的家长陷阱，然后总结出一些能帮助你采取积极育儿措施的重要建议，提高孩子自行思考和解决问题的能力，树立起适当的自信，最终实现培养出信心十足、独立自强和勤于思考的孩子的目标。

陷阱

回想第一章中谈到的家长陷阱，它指家长看到孩子遇到困难时难以遏制挺身而出去解救孩子的冲动，最终剥夺他们应得的成长机会的情形。每位家长几乎每天都会遇到这种情形。但是，了解这种陷阱并掌握绕过它的方法后，家长就能为孩子创造有利环境，让他们在童年时抓住各种锻炼机会。

拯救陷阱

这恐怕是家长最常遇到的陷阱。他们不忍看到孩子为了某件事痛苦挣扎或愁眉不展，因此，常常急不可耐地为他们解决问题，生怕他们遭罪。在危急时刻，这种做法似乎合情合理，也没人觉得会有不良影响产生。但是，它发生的频率越高，孩子就越容易形成定式思维。家长的这种行为会让孩子习惯性地认为事情总能解决，自己没有独立解决问题的机会。

火速陷阱

家长总想着竭尽全力为孩子做好每一件事，包括毫不怠慢地满足孩子的需求。即刻满足的一代人身上最突出的问题是不愿意等待，即使正常的等待也能让他们焦虑不安。看到孩子这样，家长更是如坐针毡，尤其是在他们有能力帮助孩子排忧解难时。结果，迅速为孩子处理问题成了家长的拿手好戏。因为这对他们而言往往是小事一桩，还能让孩子立刻眉开眼笑，所以他们乐此不疲，开启了即刻满足的模式。

压力陷阱

所有的家长都会对孩子的成就津津乐道。学校、教练、家人和其他家长传递的信息千篇一律：孩子在生活的各个方面都应该全力以赴，发挥出最佳水平。家长费心费力地帮助孩子成为班里的优等生、球队的最佳队员、人缘最好的人。家长想让孩子自信满满、自我感觉良好，于是大力提供额外的养分，推动孩子领跑。社会期望让很多家长惴惴不安，不停审视自己是否已倾尽所有，给孩子提供了一切可能的机会。家长用心良苦的结果是过度安排孩子的日程，剥夺了他们应有的闲散时间和自己处理问题的机会。除此以外，家长不顾孩子的发展阶段，一心推着孩子向前冲，这让他们感到力不从心，总是忐忑不安。压力陷阱往往从你知道自己即将为人父母那一刻开始产生，但学会平衡自己和孩子的生活还来得及。

给予陷阱

很多家长都希望给孩子提供一切他们想要的东西，不想让孩子觉得自己低人一等。结果是家长落入了无条件满足孩子物质欲望的陷阱，孩子自然不必为此奋斗。在与我们交谈过的学生当中，心安理得使用父母无条件提供的新手机、玩具、新潮玩意儿的孩子不在少数，这常常令我们瞠目结舌。当孩子们坐享其成时，就表现出了即刻满足文化的典型特征。

负罪陷阱

负罪感是家庭教育中挥之不去的一部分。家长虽然不想成为引起孩子不悦的罪魁祸首，但他们也很清楚，无论是给孩子设定限制还是拒绝他们的请求，都是在激怒孩子。通常情况下，负罪感来自父母内心，有时则因孩子的苦苦哀求而加深。无论在哪种情况下，他们最终都会被罪恶感俘获，把孩子想要的东西给他。除此以外，现今的大环境是每个家庭都忙忙碌碌，为了提高生活质量，家长不得不为事业打拼。但当他们看到孩子因为父母无暇陪伴左右而情绪低落时，又会心生愧疚，所以试图通过为孩子提供想要的一切来进行补偿。这种情况必然时常发生，一旦孩子养成习惯，问题就出现了。孩子尝试激起父母的罪恶感以获得更多东西，其实是他们所处的发展阶段使然。所以家长一定要擦亮眼睛，小心陷阱，实施有效的教育策略。

我们一直在关注父母经常面临的陷阱。认清陷阱是改善育儿方式的重要一步，接下来的内容是帮助家长做出积极改变的具体措施。

积极的育儿策略

在最后一章中，我们总结出了一些以不同方式贯穿在本书每一章节中的主要建议，方便读者查阅。下面的策略是我们在过去20多年中与上百个家庭合作后得出的最有效的结论。

遇到困难偷着乐

这一代人的生活相对轻松，能更快地得到自己想要的，获得更多人的帮助。比起过去的几代人，日常生活中遇到的不顺或坎坷明显更少。尽管生活听上去很惬意，但孩子们也错过了很多宝贵的人生阅历。他们丧失了练习解决问题的机会以及树立自信的经历，因而从未学会思考，只能懵懵懂懂地迈入成年期。

我们在本书中详细讨论过，技术的进步和家长的压力都是即刻满足需求的推手。而且，这一代人享受到的便利让家长无法置之不理，这也让他们不费吹灰之力就将孩子解救于水火之中，为孩子扫清障碍。由此看来，事情的确是越来越好办了，我们也该为此感到庆幸。但为了能够更好地迎接未来的挑战，他们还是需要在童年和青少年时期经历各种挑战。

我们希望家长重新审视自己对待孩子面临的艰辛与磨难时的处理方式，建议家长将它们视作锻炼受用终生的技能的机会。为错误欢呼，在孩子解决问题的过程中留意观察，挖掘孩子的重要特质。

让等待成为每一个年龄段的孩子的必修课

由于书中提到的种种原因，即刻满足的一代总是习惯性认为他们能轻松快捷地获得一切。技术文化大大加强了这一理念，但家长可以削弱它的作用。

家长常常向我们倾诉他们对于这一代人所面临的挑战的忧虑，他们因为茫然无措而心急如焚。我们每次给出的答案几乎都是让等待成为日常生活的一部分。由于当今的文化以快节奏著称，所以在日常生活中为孩子创造等待机会的任务就责无旁贷地落在了家长身上。

家长可以把等待融入所有年龄段的孩子的日常生活中。当一个人不得不等待时，就获得了思量自身行为、观察周围环境以及为他人考虑的时间，也就有了思考的机会。很多孩子连短短几秒钟的等待时间都无法忍受。如果等待成了一种日常体验，他们就能变得心平气和，甚至会利用等待的时间做点其他事情。如果从未体验过等待的滋味，向成人世界的过渡就会举步维艰，因为这是成年人不可缺少的品质。等待的训练越早开始越好。

以下是一些让孩子等待的简单方法：

· 当孩子平时请你帮点小忙（比如给他点餐、洗某些衣服、载他一程等）时，刻意让他等待。一两岁的孩子可以等30秒到两

分钟，然后再吃零食或看电视，青少年的等待时间则由你说
了算。

· 不要因为孩子在商店一眼看中某样东西就给他买，这是能使他
们立刻达成愿望的行为。

· 不断鼓励孩子通过自身努力换取额外的心仪之物。他们可以为
之奋斗，为某样东西攒钱或"积分"。

· 在等待的过程中，尽量不要用电子设备安抚孩子。让他自己想
一些其他办法打发无聊的等待时光。

让孩子认识到自己是家庭中的一分子

想要成为一个踏实勤劳、体贴周到的人，儿童和青少年必须学
会考虑周围人的感受。我们采访过的老师、管理者和教练一致将社
会技能、体恤他人以及全面的"社交技能"列为他们眼中成功的学
生、后辈和运动员所具有的重要特质。

拥有良好人际交往能力的一个表现是顾及身边人的感受。一些
孩子天生就能为他人着想，另一些孩子却需要后天的学习和锻炼。
不妨让孩子感觉到他们是大家庭的一分子，也就是说做决定时要考
虑到每一位家庭成员的利益。

对比以下两名青少年的说话方式："妈妈，你今晚得送我去简家"
和"妈妈，你今晚有时间送我去简家吗"。如果母亲说她晚上有事，
无法送孩子去，第一个孩子可能会火冒三丈或失望泄气。但是，第
二个孩子可能会和妈妈商量如何解决问题。她不仅考虑自己，也设
身处地为母亲着想，这才是家人的实质。

过程比结果重要

这一代孩子的家长背负着让子女出人头地的沉重压力，因而家庭、学生和运动员之间的对比时有发生。但大家的关注点都聚焦在客观事物上，比如分数、奖品和奖项，而不是一个孩子为了达到目标所付出的努力。

家长往往看重客观成绩，因为它们具体、可量化、易于谈论。但从另一方面来看，孩子为了完成目标所做的规划、付出的努力和汗水才是这本书中所探讨的技能，也是本书的核心。坐享其成无以成大业，在成长的道路上摸爬滚打、克服困难和弥补过失的孩子才能具有更强大的本领和适应性。挥汗如雨的过程比最终结果更值得庆贺。

教他们自食其力

对于这一代青少年儿童来说，很多东西都是唾手可得的，这也助长了他们坐享其成的习惯。一旦事情没有按计划进行，他们就会变得心情低落。

我们的观点是努力奋斗胜于不劳而获。即使年龄很小的孩子也能理解他们需要帮大人做一些事情才能换取自己想要的东西。有时把这些"东西"（玩具、电游、衣服、手机）当作目标也未尝不可。你可以根据孩子的年龄，在帮他们找出达成目标的办法和让他们自己制订完成目标的计划之间做出选择。孩子可以通过给家人帮忙、省钱、做额外的家务、改善在校表现，甚至是在生活中的某一方面取得进步来赚钱或积分。

无条件送给孩子礼物的机会有很多——生日、节日以及其他特殊的日子都可以。也许你送出的最好的礼物就是让他们知道，自己也可以通过精心安排获得心仪之物。

本书是几十年来我们与众多家庭合作的结晶。我们希望通过对常见的家长陷阱的描述，帮你认清自身现状并采纳一些我们的具体建议，帮助孩子达到目标，为其步履坚定地走向成功奠定基础。我们对于各种各样的童年常见问题提供了具体策略，希望你能找到一些适合自己家庭的内容。

致 谢

　　不可否认，为这个项目做出贡献的人不计其数，而他们却可能并未察觉自己的伟大。有时我们只需要几句鼓励的话，或是一点点前进的动力；有时我们需要指引和提点才能跻身竞争激烈的出版界。为此，我们要衷心地向所有人道一声感谢。

　　没有众多勇气可嘉的家庭与我们合作，这一切都只能是空谈和妄想。他们来到我们的办公室寻求帮助，在这个过程中，对自己的秘密、恐慌和忧虑直言不讳。人们常说求助是最难做的事情之一，所以我们要感谢向我们勇敢敞开心扉并寻求帮助的家庭。

　　在写这本书时，我们采访过很多老师、学校管理人员、教练和雇主，他们分享了数不胜数的案例，并毫无保留地说出了在与这一代人接触时发现的棘手问题。我们对他们无私的专业奉献心存感激。由此可见，他们已经全心全意地投身于培养信心十足、独立自强和善于思考的孩子中了。

　　我们还要感谢唐娜·平托。唐娜本人是一名卓有成就的作者和编辑，感谢她无私的建议和审稿时提出的意见。她不仅帮忙理清思路，还在阅读著作后，让我们看到了出版和推广此书的希望。

　　家庭是我们的一切。我们两个都很幸运，有鼓励我们放飞梦想的父母陪伴左右，达里尔·斯威特兰、芭芭拉·斯威特兰、罗杰·施托尔伯格和玛丽·施托尔伯格一直以来都给我们提供着源源不断的鼓励和支持。我们的孩子艾伦和德鲁也同样功不可没，因为他们时刻提醒着我们为人父母是太阳下最光辉的职业。所有家人的恩情都让我们终生难忘。

我们的代理人吉尔·马尔以及整个桑德拉·迪克斯特拉文化机构从一开始就表现出了对这个项目的极大热忱。和吉尔见面没几分钟，我们就决定找她做我们和这本书的代理人。因为她了解我们的意图，并且很看好这本书。令人欣慰的是，她对这个项目的向往与付出并不亚于我们。

最后，如果没有Sourcebooks出版公司主编莎娜·德雷斯的全力支持，这本书就无法问世。毫无疑问，莎娜及其出色的编辑团队润色并且审校了书稿，这正是我们做不到的。与我们并肩作战，为打造出理想的作品而不懈奋斗的是一支最棒的团队，对此我们深信不疑。

图书在版编目（CIP）数据

让孩子学会思考：家长能教的最重要的事 / (美)
达琳·斯威特兰 (Darlene Sweetland), (美) 罗恩·施
托尔伯格 (Ron Stolberg) 著；马伊莎译. -- 成都：
四川人民出版社, 2019.6
ISBN 978-7-220-11335-2

Ⅰ.①让… Ⅱ.①达… ②罗… ③马… Ⅲ.①家庭教
育 Ⅳ.①G78

中国版本图书馆CIP数据核字(2019)第072879号

TEACHING KIDS TO THINK
By Darlene Sweetland and Ron Stolberg
Copyright © 2015 by Darlene Sweetland and Ron Stolberg
Simplified Chinese translation copyright © 2019 by Ginkgo(Beijing)Book Co., Ltd.
Published by arrangement with the authors through Sandra Dijkstra Literary Agency,
Inc. in association with Bardon–Chinese Media Agency.
All Rights Reserved.
本书中文简体版权归属于银杏树下（北京）图书有限责任公司。

四川省版权局
引进版权登记备案号
图进：21-2019-20

RANG HAIZI XUEHUI SIKAO: JIAZHANG NENGJIAO DE ZUIZHONGYAO DE SHI

让孩子学会思考：家长能教的最重要的事

著　　者	［美］达琳·斯威特兰　罗恩·施托尔伯格
译　　者	马伊莎
选题策划	后浪出版公司
出版统筹	吴兴元
特约编辑	曹可
责任编辑	戴黎莎　薛玉茹
装帧制造	墨白空间·张莹
营销推广	ONEBOOK
出版发行	四川人民出版社（成都槐树街2号）
网　　址	http://www.scpph.com
E-mail	scrmcbs@sina.com
印　　刷	北京天宇万达印刷有限公司
成品尺寸	165毫米×230毫米
印　　张	16.5
字　　数	184千
版　　次	2019年6月第1版
印　　次	2019年6月第1次
书　　号	978-7-220-11335-2
定　　价	46.00元